中外哲學典籍大全

中國哲學典籍卷

總主編　李鐵映　王偉光

太史公書義法

近現代哲學類

孫德謙　著
吴天宇　點校

中国社会科学出版社

圖書在版編目（CIP）數據

太史公書義法／吴天宇點校．—北京：中國社會科學出版社，2020.9
（中外哲學典籍大全．中國哲學典籍卷）
ISBN 978－7－5203－5626－8

Ⅰ．①太… Ⅱ．①吴… Ⅲ．①《史記》—研究
Ⅳ．①K204.2

中國版本圖書館 CIP 數據核字（2019）第 246932 號

出 版 人　趙劍英
項目統籌　王　茵
責任編輯　郝玉明
責任校對　趙　威
責任印製　王　超

出　　版　中国社会科学出版社
社　　址　北京鼓樓西大街甲 158 號
郵　　編　100720
網　　址　http://www.csspw.cn
發 行 部　010－84083685
門 市 部　010－84029450
經　　銷　新華書店及其他書店

印　　刷　北京君昇印刷有限公司
裝　　訂　廊坊市廣陽區廣增裝訂廠
版　　次　2020 年 9 月第 1 版
印　　次　2020 年 9 月第 1 次印刷

開　　本　710×1000　1/16
印　　張　13.5
字　　數　150 千字
定　　價　49.00 元

「中國哲學典籍卷」

學術委員會

主　任　陳　來　趙汀陽　謝地坤　李存山　王　博

委　員（按姓氏拼音排序）

白　奚　陳壁生　陳　静　陳立勝　陳少明　陳衛平　陳　霞　丁四新　馮顔利

干春松　郭齊勇　郭曉東　景海峰　李景林　李四龍　劉成有　劉　豐　王中江

王立勝　吴　飛　吴根友　吴　震　向世陵　楊國榮　楊立華　張學智　張志强

鄭　開

項目負責人　張志强

提要撰稿主持人　劉　豐　趙金剛

提要英譯主持人　陳　霞

中外哲學典籍大全

總序

中外哲學典籍大全的編纂，是一項既有時代價值又有歷史意義的重大工程。

中華民族經過了近一百八十年的艱苦奮鬥，迎來了中國近代以來最好的發展時期，迎來了奮力實現中華民族偉大復興的時期。中華民族衹有總結古今中外的一切思想成就，才能並肩世界歷史發展的大勢。爲此，我們須編纂一部匯集中外古今哲學典籍的經典集成，爲中華民族的偉大復興、爲人類命運共同體的建設、爲人類社會的進步，提供哲學思想的精粹。

哲學是思想的花朵，文明的靈魂，精神的王冠。一個國家、民族，要興旺發達，擁有光明的未來，就必須擁有精深的理論思維，擁有自己的哲學。哲學是推動社會變革和發展的理論力量，是激發人的精神砥石。哲學解放思維，净化心靈，照亮前行的道路。偉大的時代需要精邃的哲學。

一　哲學是智慧之學

哲學是什麽？這既是一個古老的問題，又是哲學永恒的話題。追問哲學是什麽，本身就是「哲學」問題。從哲學成爲思維的那一天起，哲學家們就在不停追問中發展、豐富哲學的篇章，給出一個又一個答案。每個時代的哲學家對這個問題都有自己的詮釋。哲學是什麽，是懸疑在人類智慧面前的永恒之問，這正是哲學之爲哲學的基本特點。

哲學是全部世界的觀念形態，精神本質。人類面臨的共同問題，是哲學研究的根本對象。本體論、認識論、世界觀、人生觀、價值觀、實踐論、方法論等，仍是哲學的基本問題和生命力所在！哲學研究的是世界萬物的根本性、本質性問題。人們可以給哲學做出許多具體定義，但我們可以嘗試用「遮詮」的方式描述哲學的一些特點，從而使人們加深對何爲哲學的認識。

哲學不是玄虛之觀。哲學來自人類實踐，關乎人生。哲學對現實存在的一切追根究底、「打破砂鍋問到底」。它不僅是問「是什麽」(being)，而且主要是追問「爲什麽」(why)，特别是追問「爲什麽的爲什麽」。它關注整個宇宙，關注整個人類的命運，關注人生。它關心柴米油鹽醬醋茶和人的生命的關係，關心人工智能對人類社會的挑戰。哲學是對一切實踐經驗的理論升華，它關心具體現象背後的根據，關心人類如何會更好。

哲學是在根本層面上追問自然、社會和人本身，以徹底的態度反思已有的觀念和認識，從價值理想出發把握生活的目標和歷史的趨勢，展示了人類理性思維的高度，凝結了民族進步的智慧，寄託了人們熱愛光明、追求真善美的情懷。道不遠人，人能弘道。哲學是把握世界、洞悉未來的學問，是思想解放、自由的大門！

古希臘的哲學家們被稱爲「望天者」，亞里士多德在《形而上學》一书中説，「最初人們通過好奇—驚讚來做哲學」。如果説知識源於好奇的話，那麽産生哲學的好奇心，必須是大好奇心。這種「大好奇心」衹爲一件「大事因緣」而來，所謂大事，就是天地之間一切事物的「爲什麽」。哲學精神，是「家事、國事、天下事，事事要問」，是一種永遠追問的精神。

哲學不祇是思維。哲學將思維本身作爲自己的研究對象，對思想本身進行反思。哲學不是一般的知識體系，而是把知識概念作爲研究的對象，追問「什麽才是知識的真正來源和根據」。哲學的「非對象性」的思想方式，不是「純形式」的推論原則，而有其「非對象性」之對象。哲學之對象乃是不斷追求真理，是一個理論與實踐兼而有之的過程，是認識的精粹。哲學追求真理的過程本身就顯現了哲學的本質。天地之浩瀚，變化之奥妙，正是哲思的玄妙之處。

哲學不是宣示絶對性的教義教條，哲學反對一切形式的絶對。哲學解放束縛，意味著從一切思想教條中解放人類自身。哲學給了我們徹底反思過去的思想自由，給了我們深刻洞察未來的思想能力。哲學就是解放之學，是聖火和利劍。

哲學不是一般的知識。哲學追求「大智慧」。佛教講「轉識成智」，識與智相當於知識與哲學的關係。一般知識是依據於具體認識對象而來的、有所依有所待的「識」，而哲學則是超越於具體對象之上的「智」。

公元前六世紀，中國的老子説，「大方無隅，大器晚成，大音希聲，大象無形，道隱無名。夫唯道，善貸且成」。又説，「反者道之動，弱者道之用。天下萬物生於有，有生於無」。對道的追求就是對有之爲有、無形無名的探究，就是對天地何以如此的探究。這種追求，使得哲學具有了天地之大用，具有了超越有形有名之有限經驗的大智慧。這種大智慧、大用途，超越一切限制的籬笆，達到趨向無限的解放能力。

哲學不是經驗科學，但又與經驗有聯繫。哲學從其作爲學問誕生起，就包含於科學形態之中，是以科學形態出現的。哲學是以理性的方式、概念的方式、論证的方式來思考宇宙人生的根本問題。在亞里士多德那裏，凡是研究實體（ousia）的學問，都叫作「哲學」。而「第一實體」則是存在者中的「第一個」。研究第一實體的學問稱爲「神學」，也就是「形而上學」，這正是後世所謂「哲學」。一般意義上的科學正是從「哲學」最初的意義上贏得自己最原初的規定性的。哲學雖然不是經驗科學，却爲科學劃定了意義的範圍，指明了方向。哲學最後必定指向宇宙人生的根本問題，大科學家的工作在深層意義上總是具有哲學的意味，牛頓和愛因斯坦就是這樣的典範。

哲學不是自然科學，也不是文學藝術，但在自然科學的前頭，哲學的道路展現了；在文學藝術的山頂，哲學的天梯出現了。哲學不斷地激發人的探索和創造精神，使人在認識世界的過程中，不斷達到新境界，在改造世界中從必然王國到達自由王國。

哲學不斷從最根本的問題再次出發。哲學史在一定意義上就是不斷重構新的世界觀、認識人類自身的歷史。哲學的歷史呈現，正是對哲學的創造本性的最好説明。哲學史上每一位哲學家對根本問題的思考，都在爲哲學添加新思維、新向度，猶如爲天籟山上不斷增添一隻隻黄鸝翠鳥。

如果説哲學是哲學史的連續展現中所具有的統一性特徵，那麽這種「一」是在「多」個哲學的創造中實現的。如果説每一種哲學體系都追求一種體系性的「一」的話，那麽每種「一」的體系之間都存在着千絲相聯、多方組合的關係。這正是哲學史昭示於我們的哲學多樣性的意義。多樣性與統一性的依存關係，正是哲學尋求現象與本質、具體與普遍相統一的辯證之意義。

哲學的追求是人類精神的自然趨向，是精神自由的花朵。哲學是思想的自由，是自由的思想。

中國哲學，是中華民族五千年文明傳統中，最爲内在的、最爲深刻的、最爲持久的精神追求和價值觀表達。中國哲學已經化爲中國人的思維方式、生活態度、道德準則、人生追求、精神境界。中國人的科學技術、倫理道德，小家大國、中醫藥學、詩歌文學、繪畫書法、武術拳法、鄉規民俗，乃至日常生活也都浸潤着中國哲學的精神。華夏文化雖歷經磨難而能够透魄醒神，堅韌屹立，正是來自於中國哲學深邃的思維和創造力。

先秦時代，老子、孔子、莊子、孫子、韓非子等諸子之間的百家争鳴，就是哲學精神在中國的展現，是中國人思想解放的第一次大爆發。兩漢四百多年的思想和制度，是諸子百家思想在争鳴過程中大整合的結果。魏晋之際，玄學的發生，則是儒道冲破各自藩籬，彼此互動互補的結果，形成了儒家獨尊的態勢。隋唐三百年，佛教深入中國文化，又一次帶來了思想的大融合和大解放，禪宗的形成就是這一融合和解放的結果。兩宋三百多年，中國哲學迎來了第三次大解放。儒釋道三教之間的互潤互持日趨深入，朱熹的理學和陸象山的心學，就是這一思想潮流的哲學結晶。

與古希臘哲學强調沉思和理論建構不同，中國哲學的旨趣在於實踐人文關懷，它更關注實踐的義理性意義。中國哲學當中，知與行從未分離，中國哲學有着深厚的實踐觀點和生活觀點，倫理道德觀是中國人的貢獻。馬克思説，「全部社會生活在本質上是實踐的」，實踐的觀點、生活的觀點也正是馬克思主義認識論的基本觀點。這種哲學上的契合性，正是馬克思主義能够在中國扎根並不斷中國化的哲學原因。

「實事求是」是中國的一句古話。今天已成爲深邃的哲理，成爲中國人的思維方式和行爲基準。實事求是就是解放思想，解放思想就是實事求是。實事求是是毛澤東思想的精髓，是改革開放的基石。只有解放思想才能實事求是。實事求是就是中國人始終堅持的哲學思想。實事求是就是依靠自己，走自己的道路，反對一切絶對觀念。所謂中國化就是一切從中國實際出發，一切理論必須符合中國實際。

二　哲學的多樣性

實踐是人的存在形式，是哲學之母。實踐是思維的動力、源泉、價值、標準。人們認識世界、探索規律的根本目的是改造世界，完善自己。哲學問題的提出和回答，都離不開實踐。馬克思有句名言：「哲學家們只是用不同的方式解釋世界，而問題在於改變世界！」理論只有成爲人的精神智慧，才能成爲改變世界的力量。

哲學關心人類命運。時代的哲學，必定關心時代的命運。對時代命運的關心就是對人類實踐和命運的關心。人在實踐中產生的一切都具有現實性。哲學的實踐性必定帶來哲學的現實性。哲學的現實性就是强調人在不斷回答實踐中各種問題時應該具有的態度。

哲學作爲一門科學是現實的。哲學是一門回答並解釋現實的學問，哲學是人們聯繫實際、面對現實的思想。可以説哲學是現實的最本質的理論，也是本質的最現實的理論。哲學始終追問現實的發展和變化。哲學存在於實踐中，也必定在現實中發展。哲學的現實性要求我們直面實踐本身。

哲學不是簡單跟在實踐後面，成爲當下實踐的「奴僕」，而是以特有的深邃方式，關注着實踐的發展，提升人的實踐水平，爲社會實踐提供理論支撑。從直接的、急功近利的要求出發來理解和從事哲學，無異於向哲學提出它本身不可能完成的任務。哲學是深沉的反思，厚重的智慧，事物的抽象，理論的把握。哲學是人類把握世界最深邃的理論思維。

哲學是立足人的學問，是人用於理解世界、把握世界、改造世界的智慧之學。「民之所好，好之，民之所惡，惡之。」哲學的目的是爲了人。用哲學理解外在的世界，理解人本身，也是爲了用哲學改造世界、改造人。哲學研究無禁區，無終無界，與宇宙同在，與人類同在。

存在是多樣的，發展是多樣的，這是客觀世界的必然。宇宙萬物本身是多樣的存在，多樣的變化。歷史表明，每一民族的文化都有其獨特的價值。文化的多樣性是自然律，是動力，是生命力。各民族文化之間的相互借鑒，補充浸染，共同推動著人類社會的發展和繁榮，這是規律。對象的多樣性、複雜性，決定了哲學的多樣性；即使對同一事物，人們也會産生不同的哲學認識，形成不同的哲學派别。哲學觀點、思潮、流派及其表現形式上的區别，來自於哲學的時代性、地域性和民族性的差异。世界哲學是不同民族的哲學的薈萃，如中國哲學、西方哲學、阿拉伯哲學等。多樣性構成了世界，百花齊放形成了花園。不同的民族會有不同風格的哲學。恰恰是哲學的民族性，使不同的哲學都可以在世界舞臺上演繹出各種「戲劇」。即使有類似的哲學觀點，在實踐中的表達和運用也會各有特色。

人類的實踐是多方面的，具有多樣性、發展性，大體可以分爲：改造自然界的實踐，改造人類社會的實踐，完善人本身的實踐，提升人的精神世界的精神活動。人是實踐中的人，實踐是人的生命的第一屬性。實踐的社會性決定了哲學的社會性，哲學不是脱離社會現實生活的某種遐想，而是社會現實生活的觀念形態，是文明進步的重要標誌，是人的發展水平的重要維度。哲學的發展狀況，反映着一個社會人的理性成熟程度，反映著這個社會的文明程度。

哲學史實質上是自然史、社會史、人的發展史和人類思維史的總結和概括。自然界是多樣的，社會是多樣的，人類思維是多樣的。所謂哲學的多樣性，就是哲學基本觀念、理論學說、方法的異同，是哲學思維方式上的多姿多彩。哲學的多樣性是哲學的常態，是哲學進步、發展和繁榮的標誌。哲學是人的哲學，哲學是人對事物的自覺，是人對外界和自我認識的學問，也是人把握世界和自我的學問。哲學的多樣性，是哲學的常態和必然，是哲學發展和繁榮的內在動力。一般是普遍性，特色也是普遍性。從單一性到多樣性，從簡單性到複雜性，是哲學思維的一大變革。用一種哲學話語和方法否定另一種哲學話語和方法，這本身就不是哲學的態度。

多樣性並不否定共同性、統一性、普遍性。物質和精神，存在和意識，一切事物都是在運動、變化中的，是哲學的基本問題，也是我們的基本哲學觀點！

當今的世界如此紛繁複雜，哲學多樣性就是世界多樣性的反映。哲學是以觀念形態表現出的現實世界。哲學的多樣性，就是文明多樣性和人類歷史發展多樣性的表達。多樣性是宇宙之道。

哲學的實踐性、多樣性，還體現在哲學的時代性上。哲學總是特定時代精神的精華，是一定歷史條件下人的反思活動的理論形態。在不同的時代，哲學具有不同的內容和形式，哲學的多樣性，也是歷史時代多樣性的表達。哲學的多樣性也會讓我們能够更科學地理解不同歷史時代，更爲内在地理解歷史發展的道理。多樣性是歷史之道。

哲學之所以能發揮解放思想的作用，在於它始終關注實踐，關注現實的發展；在於它始終關注著科學技術的進步。哲學本身没有絶對空間，没有自在的世界，只能是客觀世界的映象，觀念形態。没有了現實性，哲學就遠離人，就離開了存在。哲學的實踐性，説到底是在説明哲學本質上是人的哲學，是人的思維，是爲了人的科學！哲學的實踐性、多樣性告訴我們，哲學必須百花齊放、百家争鳴。哲學的發展首先要解放自己，解放哲學，就是實現思維、觀念及範式的變革。人類發展也必須多途並進，交流互鑒，共同繁榮。采百花之粉，才能釀天下之蜜。

三　哲學與當代中國

中國自古以來就有思辨的傳統，中國思想史上的百家争鳴就是哲學繁榮的史象。哲學是歷史發展的號角。中國思想文化的每一次大躍升，都是哲學解放的結果。中國古代賢哲的思想傳承至今，他們的智慧已浸入中國人的精神境界和生命情懷。

中國共産黨人歷來重視哲學，毛澤東在一九三八年，在抗日戰争最困難的條件下，在延安研究哲學，創作了實踐論和矛盾論，推動了中國革命的思想解放，成爲中國人民的精神力量。

中華民族的偉大復興必將迎來中國哲學的新發展。當代中國必須有自己的哲學，當代中國的哲學必須要從根本上講清楚中國道路的哲學道理。中華民族的偉大復興必須要有哲學的思維，必須要有不斷深入的反思。發展的道路，就是哲思的道路，文化的自信，就是哲學思維的自信。哲學是引領者，可謂永恒的「北斗」，哲學是時代的「火焰」，是時代最精緻最深刻的「光芒」。從社會變革的意義上説，任何一次巨大的社會變革，總是以理論思維爲先導。理論的變革，總是以思想觀念的空前解放爲前提，而「吹響」人類思想解放第一聲「號角」的，往往就是代表時代精神精華的哲學。社會實踐對於哲學的需求可謂「迫不及待」，因爲哲學總是「吹響」這個新時代的「號角」。「吹響」中國改革開放之

「號角」的，正是「解放思想」「實踐是檢驗真理的唯一標準」「不改革死路一條」等哲學觀念。「吹響」新時代「號角」的是「中國夢」，「人民對美好生活的向往，就是我們奮鬥的目標」。發展是人類社會永恒的動力，變革是社會解放的永遠的課題，思想解放，解放思想是無盡的哲思。中國正走在理論和實踐的雙重探索之路上，搞探索没有哲學不成！

中國哲學的新發展，必須反映中國與世界最新的實踐成果，必須反映科學的最新成果，必須具有走向未來的思想力量。今天的中國人所面臨的歷史時代，是史無前例的。十三億人齊步邁向現代化，這是怎樣的一幅歷史畫卷！是何等壯麗、令人震撼！不僅中國歷史上亘古未有，在世界歷史上也從未有過。當今中國需要的哲學，是結合天道、地理、人德的哲學，是整合古今中西的哲學，只有這樣的哲學才是中華民族偉大復興的哲學。

當今中國需要的哲學，必須是適合中國的哲學。無論古今中外，再好的東西，也需要再吸收，再消化，必須要經過現代化和中國化，才能成爲今天中國自己的哲學。哲學是解放人的，哲學自身的發展也是一次思想解放，也是人的一个思維升華、羽化的過程。中國人的思想解放，總是隨著歷史不斷進行的。歷史有多長，思想解放的道路就有多長；發展進步是永恒的，思想解放也是永無止境的，思想解放就是哲學的解放。

習近平説，思想工作就是「引導人們更加全面客觀地認識當代中國、看待外部世界」。這就需要我們確立一種「知己知彼」的知識態度和理論立場，而哲學則是對文明價值核心最精練和最集中的深邃性表達，有助於我們認識中國、認識世界。立足中國、認識中國，需要我們審視我們走過的道路，立足中國、認識世界，需要我們觀察和借鑒世界歷史上的不同文化。中國「獨特的文化傳統」、中國「獨特的歷史命運」、中國「獨特的基本國情」，「決定了我們必然要走適合自己特點的發展道路」。一切現實的，存在的社會制度，其形態都是具體的，都是特色的，都必須是符合本國實際的。抽象的制度，普世的制度是不存在的。同時，我們要全面客觀地「看待外部世界」。研究古今中外的哲學，是中國認識世界、認識人類史，認識自己未來發展的必修課。今天中國的發展不僅要讀中國書，還要讀世界書。不僅要學習自然科學、社會科學的經典，更要學習哲學的經典。當前，中國正走在實現「中國夢」的「長征」路上，這也正是一條思想不斷解放的道路！要回答中國的問題，解釋中國的發展，首先需要哲學思維本身的解放。哲學的發展，就是哲學的解放，這是由哲學的實踐性、時代性所決定的。哲學無禁區、無疆界。哲學是關乎宇宙之精神，是關乎人類之思想。哲學將與宇宙、人類同在。

四　哲學典籍

中外哲學典籍大全的編纂，是要讓中國人能研究中外哲學經典，吸收人類精神思想的精華；是要提升我們的思維，讓中國人的思想更加理性、更加科學、更加智慧。

中國有盛世修典的傳統。中國古代有多部典籍類書（如「永樂大典」「四庫全書」等），在新時代編纂中外哲學典籍大全，是我們的歷史使命，是民族復興的重大思想工程。

只有學習和借鑒人類精神思想的成就，才能實現我們自己的發展，走向未來。中外哲學典籍大全的編纂，就是在思維層面上，在智慧境界中，繼承自己的精神文明，學習世界優秀文化。這是我們的必修課。

不同文化之間的交流、合作和友誼，必須達到哲學層面上的相互認同和借鑒。哲學之間的對話和傾聽，才是從心到心的交流。中外哲學典籍大全的編纂，就是在搭建心心相通的橋樑。

我們編纂這套哲學典籍大全，一是中國哲學，整理中國歷史上的思想典籍，濃縮中國思想史上的精華；二是外國哲學，主要是西方哲學，吸收外來，借鑒人類發展的優秀哲學成果；三是馬克思主義哲學，展示馬克思主義哲學中國化的成就；四是中國近現代以來的哲學成果，特别是馬克思主義在中國的發展。

編纂這部典籍大全，是哲學界早有的心願，也是哲學界的一份奉獻。中外哲學典籍大全總結的是書本上的思想，是先哲們的思維，是前人的足迹。我們希望把它們奉獻給後來人，使他們能够站在前人肩膀上，站在歷史岸邊看待自己。

中外哲學典籍大全的編纂，是以「知以藏往」的方式實現「神以知來」；中外哲學典籍大全的編纂，是通過對中外哲學歷史的「原始反終」，從人類共同面臨的根本大問題出發，在哲學生生不息的道路上，綵繪出人類文明進步的盛德大業！

發展的中國，既是一個政治、經濟大國，也是一個文化大國，也必將是一個哲學大國、思想王國。人類的精神文明成果是不分國界的，哲學的邊界是實踐，實踐的永恒性是哲學的永續綫性，打開胸懷擁抱人類文明成就，是一個民族和國家自强自立，始終佇立於人類文明潮頭的根本條件。

擁抱世界，擁抱未來，走向復興，構建中國人的世界觀、人生觀、價值觀、方法論，這是中國人的視野、情懷，也是中國哲學家的願望！

李鐵映

二〇一八年八月

「中國哲學典籍卷」

序

中國古無「哲學」之名，但如近代的王國維所說，「哲學爲中國固有之學」。「哲學」的譯名出自日本啓蒙學者西周，他在一八七四年出版的百一新論中說：「將論明天道人道，兼立教法的philosophy譯名爲哲學。」自「哲學」譯名的成立，「philosophy」或「哲學」就已有了東西方文化交融互鑒的性質。

「philosophy」在古希臘文化中的本義是「愛智」，而「哲學」的「哲」在中國古經書中的字義就是「智」或「大智」。孔子在臨終時慨嘆而歌：「泰山壞乎！梁柱摧乎！哲人萎乎！」（史記孔子世家）「哲人」在中國古經書中釋爲「賢智之人」，而在「哲學」譯名輸入中國後即可稱爲「哲學家」。

哲學是智慧之學，是關於宇宙和人生之根本問題的學問。對此，中西或中外哲學是共同的，因而哲學具有世界人類文化的普遍性。但是，正如世界各民族文化既有世界的普遍性，也有民族的特殊性，所以世界各民族哲學也具有不同的風格和特色。如果說「哲學」是個「共名」或「類稱」，那麽世界各民族哲學就是此類中不同的「特例」。這是哲學的普遍性與多樣性的統一。

在中國哲學中，關於宇宙的根本道理稱爲「天道」，關於人生的根本道理稱爲「人道」，中國哲學的一個貫穿始終的核心問題就是「究天人之際」。一般說來，天人關係問題是中外哲學普遍探索的問題，而中國哲學的「究天人之際」具有自身的特點。

亞里士多德曾說：「古今來人們開始哲學探索，都應起於對自然萬物的驚異……這類學術研究的開始，都在人生的必需品以及使人快樂安適的種種事物幾乎全都獲得了以後。」「這些知識最先出現於人們開始有閒暇的地方。」這是說的古希臘哲學的一個特點，是與當時古希臘的社會歷史發展階段及其貴族階層的生活方式相聯繫的。與此不同，中國哲學是產生於士人在社會大變動中的憂患意識，爲了求得社會的治理和人生的安頓，他們大多「席不暇暖」地周遊列國，宣傳自己的社會主張。這就決定了中國哲學在「究天人之際」

中首重「知人」，在先秦「百家争鳴」中的各主要流派都是「務爲治者也，直所從言之異路，有省不省耳」（史記太史公自序）。

中國哲學與其他民族哲學所不同者，還在於中國數千年文化一直生生不息而未嘗中斷，中國文化在世界歷史的「軸心時期」所實現的哲學突破也是采取了極温和的方式。這主要表現在孔子的「祖述堯舜，憲章文武」，删述六經，對中國上古的文化既有連續性的繼承，又經編纂和詮釋而有哲學思想的突破。因此，由孔子及其後學所編纂和詮釋的上古經書就以「先王之政典」的形式不僅保存下來，而且在此後中國文化的發展中居於統率的地位。

據近期出土的文獻資料，先秦儒家在戰國時期已有對「六經」的排列，「六經」作爲一個著作群受到儒家的高度重視。至漢武帝「罷黜百家，表章六經」，遂使「六經」以及儒家的經學確立了由國家意識形態認可的統率地位。漢書藝文志著録圖書，爲首的是「六藝略」，其次是「諸子略」「詩賦略」「兵書略」「數術略」和「方技略」，這就體現了以「六經」統率諸子學和其他學術。這種圖書分類經幾次調整，到了隋書經籍志乃正式形成「經、史、子、集」的四部分類，此後保持穩定而延續至清。

中國傳統文化有「四部」的圖書分類，也有對「義理之學」「考據之學」「辭章之學」和「經世之學」等的劃分，其中「義理之學」雖然近於「哲學」但並不等同。中國傳統文化没有形成「哲學」以及近現代教育學科體制的分科，但是中國傳統文化確實固有其深邃的哲學思想，它表達了中華民族的世界觀、人生觀，體現了中華民族的思維方式、行爲準則，凝聚了中華民族最深沉、最持久的價值追求。

清代學者戴震説：「天人之道，經之大訓萃焉。」（原善卷上）經書和經學中講「天人之道」的「大訓」，就是中國傳統的哲學；不僅如此，在圖書分類的「子、史、集」中也有講「天人之道」的「大訓」，這些也是中國傳統的哲學。「究天人之際」的哲學主題是在中國文化上下幾千年的發展中，伴隨著歷史的進程而不斷深化、轉陳出新、持續探索的。

中國哲學首重「知人」，在天人關係中是以「知人」爲中心，以「安民」或「爲治」爲宗旨的。在記載中國上古文化的尚書皋陶謨中，就有了「知人則哲，能官人；安民則惠，黎民懷之」的表述。在論語中，「樊遲問仁，子曰：『愛人。』問知（智），子曰：『知人。』」（論語顏淵）「仁者愛人」是孔子思想中的最高道德範疇，其源頭可上溯到中國文化自上古以來就形成的崇尚道德的優秀傳統。孔子説：「未能事人，焉能事鬼？」「未知生，焉知死？」（論語先進）「務民之義，敬鬼神而遠之，可謂知矣。」（論語雍也）「智者知人」，在孔子的思想中雖然保留了對「天」和鬼神的敬畏，但他的主要關注點是現世的人生，是「仁者愛人」「天下有道」的價值取向，由此確立了中國哲學以「知人」爲中心的思想範式。西方現代哲學家雅斯貝爾斯在大哲學家一書中把蘇格拉底、佛陀、孔子和耶穌作爲「思想範式的創造者」，而孔子思想的特點就是「要在世間建立一種人道的秩序」，「在現世的可能性之中」，孔子「希望建立一個新世界」。

中國上古時期把「天」或「上帝」作爲最高的信仰對象，這種信仰也有其宗教的特殊性。如梁啓超所説：「各國之尊天者，常崇之於萬有之外，而中國則常納之於人事之中，此吾中華所特長也。……其尊天也，目的不在天國而在世界，受用不在未來（來世）而在現在（現世）。是故人倫亦稱天倫，人道亦稱天道。記曰：『善言天者必有驗於人。』此所以雖近於宗教，而與他國之宗教自殊科也。」由於中國上古文化所信仰的「天」不是存在於與人世生活相隔絶的「彼岸世界」，而是與地相聯繫（中庸所謂「郊社之禮，所以事上帝也」，朱熹中庸章句注：「郊，祀天；社，祭地。不言后土者，省文也。」），具有道德的、以民爲本的特點（尚書所謂「皇天無親，惟德是輔」，「天視自我民視，天聽自我民聽」，「民之所欲，天必從之」），所以這種特殊的宗教性也長期地影響著中國哲學對天人關係的認識。相傳「人更三聖，世經三古」的易經，其本爲卜筮之書，但經孔子「觀其德義而已」之後，則成爲講天人關係的哲理之書。四庫全书總目易類序說：「聖人覺世牖民，大抵因事以寓教……易則寓於卜筮。故易之爲書，推天道以明人事者也。」不僅易經是如此，而且以後中國哲學的普遍架構就是「推天道以明人事」。

春秋末期，與孔子同時而比他年長的老子，原創性地提出了「有物混成，先天地生」（老子二十五章），天地並非固有的，在天地產生之前有「道」存在，「道」是產生天地萬物的總根源和總根據。「道」內在於天地萬物之中就是「德」，「孔德之容，惟道是從」（老子二十一章），「道」與「德」是統一的。老子說：「道生之，德畜之，物形之，勢成之。是以萬物莫不尊道而貴德。道之尊，德之貴，夫莫之命而常自然。」（老子五十一章）老子的價值主張是「自然無爲」，而「自然無爲」的天道根據就是「道生之，德畜之……是以萬物莫不尊道而貴德」。老子所講的「德」實即相當於「性」，孔子所罕言的「性與天道」，在老子哲學中就是講「道」與「德」的形而上學。實際上，老子哲學確立了中國哲學「性與天道合一」的思想，而他從「道」與「德」推出「自然無爲」的價值主張，這就成爲以後中國哲學「推天道以明人事」普遍架構的一個典範。雅斯貝爾斯在大哲學家一書中把老子列入「原創性形而上學家」，他說：「從世界歷史來看，老子的偉大是同中國的精神結合在一起的。」他評價孔、老關係時說：「雖然兩位大師放眼於相反的方向，但他們實際上立足於同一基礎之上。兩者間的統一在中國的偉大人物身上則一再得到體現……」這裏所謂「中國的精神」「立足於同一基礎之上」，就是説孔子和老子的哲學都是爲了解決現實生活中的問題，都是「務爲治者也」。

在老子哲學之後，中庸説：「天命之謂性」，「思知人，不可以不知天」。孟子説：「盡其心者知其性也，知其性則知天矣。」（孟子盡心上）此後的中國哲學家雖然對天道和人性有不同的認識，但大抵都是講人性源於天道，知天是爲了知人。一直到宋明理學家講「天者理也」，「性即理也」，「性與天道合一存乎誠」。作爲宋明理學之開山著作的周敦頤太極圖說，是從「無極而太極」講起，至「形既生矣，神發知矣，五性感動而善惡分，萬事出矣」，這就是從天道講到人事，而其歸結爲「聖人定之以中正仁義而主静，立人極焉」，這就是從天道、人性推出人事應該如何，「立人極」就是要確立人事的價值準則。可以説，中國哲學的「推天道以明人事」最終指向的是人生的價值觀，這也就是要「爲天地立心，爲生民立命，爲往聖繼絕學，爲萬世開太平」。在作爲中國哲學主流的儒家哲學中，價值觀又是與道德修養的工夫論和道德境界相聯繫。因此，天人合一、真善合一、知行合一成爲中國哲學的主要特點。

中國哲學經歷了不同的歷史發展階段，從先秦時期的諸子百家争鳴，到漢代以後的儒家經學獨尊，而實際上是儒道互補，至魏晉玄學乃是儒道互補的一個結晶；在南北朝時期逐漸形成儒、釋、道三教鼎立，從印度傳來的佛教逐漸適應中國文化的生態環境，至隋唐時期完成中國化的過程而成爲中國文化的一個有機組成部分；宋明理學則是吸收了佛、道二教的思想因素，返而歸於「六經」，又創建了論語孟子大學中庸的「四書」體系，建構了以「理、氣、心、性」爲核心範疇的新儒學。因此，中國哲學不僅具有自身的特點，而且具有不同發展階段和不同學派思想内容的豐富性。

一八四〇年之後，中國面臨着「數千年未有之變局」，中國文化進入了近現代轉型的時期。在甲午戰敗之後的一八九五年，「哲學」的譯名出現在黄遵憲的日本國志和鄭觀應的盛世危言（十四卷本）中。此後，「哲學」以一個學科的形式，以哲學的「獨立之精神，自由之思想」推動了中華民族的思想解放和改革開放，中、外哲學會聚於中國，中、外哲學的交流互鑒使中國哲學的發展呈現出新的形態，馬克思主義哲學在與中國的歷史文化傳統、中國具體的革命和建設實踐相結合的過程中不斷中國化而産生新的理論成果。中華民族的偉大復興必將迎來中國哲學的新發展，在此之際，編纂中外哲學典籍大全，中國哲學典籍第一次與外國哲學典籍會聚於此大全中，這是中國盛世修典史上的一個首創，對於今後中國哲學的發展、對於中華民族的偉大復興具有重要的意義。

李存山

二〇一八年八月

「中國哲學典籍卷」

出版前言

社會的發展需要哲學智慧的指引。在中國浩如煙海的文獻中，哲學典籍占據著重要地位，指引著中華民族在歷史的浪潮中前行。這些凝練著古聖先賢智慧的哲學典籍，在新時代仍然熠熠生輝。

收入我社「中國哲學典籍卷」的書目，是最新整理成果的首次發布，按照內容和年代分爲以下幾類：先秦子書類、兩漢魏晋隋唐哲學類、佛道教哲學類、宋元明清哲學類、近現代哲學類、經部（易類、書類、禮類、春秋類、孝經類）等，其中以經學類占多數。本次整理皆選取各書存世的善本爲底本，制訂校勘記撰寫的基本原則以確保校勘品質。全套書采用繁體竪排加專名綫的古籍版式，嚴守古籍整理出版規範，並請相關領域專家多次審稿，作者反復修訂完善，旨在匯集保存中國哲學典籍文獻，同時也爲古籍研究者和愛好者提供研習的文本。

文化自信是一個國家、一個民族發展中更基本、更深沉、更持久的力量。對中國哲學典籍進行整理出版，是文化創新的題中應有之義。中國社會科學出版社秉持「傳文明薪火，發時代先聲」的發展理念，歷來重視中華優秀傳統文化的研究和出版。「中國哲學典籍卷」樣稿已在二〇一八年世界哲學大會、二〇一九年北京國際書展等重要圖書會展亮相，贏得了與會學者的高度讚賞和期待。

點校者、審稿專家、編校人員等爲叢書的出版付出了大量的時間與精力，在此一並致謝。由於水準有限，書中難免有一些不當之處，敬請讀者批評指正。

趙劍英

二〇二〇年八月

本書點校説明

一

孫德謙（一八六九—一九三五），字受之，又字壽芝，號益葊，晚號隘堪居士。江蘇元和（今蘇州市吴中區）人。孫德謙青年時代科場不順，光緒二十三年（二十九歲）時北上天津，入張上龢幕，與張上龢子張爾田交友論學，并擔任張上龢子張東蓀之教師。光緒二十六年（三十二歲），任直隸永年紫山書院院長，後因義和團暴動南歸，歷任許貞幹、吴重憙等人幕賓。光緒三十三年（三十九歲），有感於當時學風丕變，孫德謙与劉承幹在吴中設立江蘇存古學堂，前後協教三年。辛亥后，孫德謙因政治立場避居上海，沈曾植將其與王國維、張爾田并列，稱爲「海上三君」。民國六年（五十歲）吴縣修縣志，聘請曹允源擔任總纂，孫德謙爲協纂。民國九年（五十三歲）汪鍾霖、鄧彦遠在上海創辦亞洲學術研究會并發行雜志，聘請孫德謙擔任總編輯。此後，孫德謙歷任國立（吴淞）政治大學、上海交通大學、大夏大學等校教授、大夏大學國文系主任。民國二十四年，孫德謙因胃疾卒於上海，年六十七。

孫德謙一生勤於治學，涉獵廣博，在當時學界享有盛譽。其治學之初，致力於小學，繼之研讀群經，尤好高郵王氏父子之學。在三十歲前後，孫德謙自艾訓詁考訂不能通知大義，遂轉而以章學誠爲宗，試圖以章氏論史之法研論諸子學。正如其在章氏遺書序中所云：「雖先生論史，余則論子，趨向自異，要其觸類引申，則一本乎先生爲學之方。〔二〕其後，著成諸子通考、諸子要略等書，爲學者所稱。除諸子學以外，孫德謙在史學、目録學、經學、文學諸多領域皆有較高的造詣，其所著太史公書義法、漢書藝文志舉例、劉向校讎學纂微、六朝麗指、稷山段氏二妙年譜、古書讀法略例等著作，皆在當時産生了極大的影響。

〔二〕孫德謙：章氏遺書序，見章學誠：章氏遺書，嘉業堂本，頁3b—4a。

二

據王蘧常清故貞士元和孫隘堪先生行狀的統計，孫德謙一生著述，已刊未刊者合計二十八種。其中，太史公書義法二卷是其耗力較多且自許頗高的代表作。張爾田於孫隘堪所著書序中即稱此書「則君邇年所著，尤爲一生精力之所萃焉。」

清代以來，學者研治史記者極多，但其研究方法則較爲固定：或重史料考證，意在考其異同、攻其疏舛，如趙翼廿二史札記之史記部分、梁玉繩史記志疑等；或重文章評論，意在探討史記的文章奥要、精神筆力，如吴見思史記論文、牛震運史記評註等。孫德謙不滿於學者的瑣屑考訂與妄加評議，亦不滿於重文輕史的風氣，因著太史公書義法二卷，試圖系統探究史記一書的義例、編纂、書法以及司馬遷之作史意圖，期以揭明司馬遷之作史義法。

孫德謙對史記義法的研究始於一九一七年，於一九二六年完成，歷時近十年。全書仿照文心雕龍的體例，共分五十篇，除引旨一篇論述其書旨意與撰作緣由外，其余四十九篇，則對史記的尊儒傾向、著述精神、史料運用、編纂體例等諸多方面，進行了深入的專題式探討。同時，對史記中不少長期爭論不休的問題，孫德謙也做出了具有説服力的解答，正如張爾田所云：「君一一疏通而證明之，有一經道破，怡然理順，可使異説者奪之氣而不敢放厥詞。」可以説，孫德謙突破了前人史記研究的局限，爲學者考察史記體例、理解史記性質，以及研究司馬遷史學思想等方面，提供了較大的幫助。

三

太史公書義法自一九二六年成書後，於翌年排印刊刻，是爲四益宧刊本，每半頁十行，行二十一字。目前可見者，如臺灣中華書局一九六九年影印本、周寶明、吴平等編史記研究文獻輯刊（國家圖書館出版社二零一四年）所收本，皆爲四益宧刊本。此次整理，即據此本。除標點、分段外，另有若干事項説明如下：

（一）凡版刻混用字如「己」、「已」等，一律徑改，不出校記。避諱字如「鄭玄」作「鄭元」、「公孫弘」作「公孫宏」、「曆」作「厤」，則予以保留。異體字則盡量統一。

（二）凡原本訛、脱、衍、倒之誤，均出校勘記；其顯誤者則改正，并在校記中説明所據。

（三）凡孫氏引述文字，全部覆檢原書，屬於節引、撮述大義而無礙文意者，不予更動，若有文意歧異或文字訛誤者，則出校説明或據以校正。

整理過程中限於學識謭陋，舛謬之處在所難免，祈請博雅君子不吝指正。

吴天宇

二零一八年三月

目録

太史公書義法卷下

孫隘堪所著書序

張爾田

隘堪居士，裒其所著書：太史公書義法、劉向校讎學纂微、漢書藝文志舉例、六朝麗指，爲部者四，爲卷者五，彙爲一編。題以今名者，用班書「劉向所序」、「楊雄所序」例也。隘堪撰述宏富，名目衆多，凡足以霑逮來學者，若群經義綱、諸子通考之類，爲書不下十數種。今但取其殺青已定者，序之曰：

自古貞元之際，歌采薇、蓐螻蟻。有繼往之鉅儒，則必有開來之先哲，導揚倫序，闡化昌衢，伏處荒江寂寞之濱而不自暇逸者。吾嘗怪十五年來邪說殄行，士或流離遵海，以宴衎爲樂，而大江南北，昔時號爲魁梧丈人者，亦皆改形易骨，相率而學爲不似之人，求如古所云云，何其寥落而罕睹也！若隘堪者，殆今所謂伏處荒江寂寞之濱而不自暇逸之一乎？

自余之交於君也，君之學且數變。其始也，治聲韻訓詁之學，讀許氏書，得其所謂「曉學者，達神恉」者而好之。其於小學諸家，獨推徐鍇繫傳，以爲能見其大。既而與余同讀書廣平，舉向之聲韻訓詁，盡棄其所學，而一以會稽章氏爲歸。章氏嚴於體例，而君則鉤索質驗，貫殊析同，直欲駕古人而上之。於是研治丙簿書，九流百家，觀其會通，撮其恉意，斐然有作，成諸子要略及通考各書。

君性澹逸，自其少時，慕陶淵明之爲人，又熟於金源掌故，欲爲陶譜未成，成稷山二段年譜，更以余力爲金史藝文略輯、杜善夫文集，手編全金詞，則冇集完顔一代之樂章。蓋淵明不事異姓，而金源則國之所自出。當光緒之季，新説始萌，國步岌岌，君自以諸生，無所補救，特寄焉以抒其藴憤而已，而貞操素節，實早定於此矣。

及辛亥以後，君避居滬海，愴懷身世，則曰：當此之時，見危授命，上也，其次尤將扶植綱紀，昌明聖賢正學，以待宇宙之澄清。病世之所稱考據家，名爲治經，而實汨之，又其甚則便詞巧説，破壞形體，奮其一隙之見，不惜舉群書而僞之，以爲秦火導其先。謂治學莫善於讀，不善讀，則有問孔刺孟如王仲任之所爲者，則有疑古惑經如劉知幾之所爲者。善讀，莫如有法，於是下帷發憤，久之，成漢書藝文志舉例一卷，於以考鏡源流，辨章學術。書初出，故尚書沈公乙盦見而驚曰：「此今之鄭夾漈也。」君益自憙，復推其例，以上溯目録之原，又久之，成劉向校讎學闡微一卷。三千年流別之緒，粲然著明。

自君之居海上也，尚志寡營，惟以文自給。君故長於文，遒逸古澹，潛氣内轉，得范蔚宗、沈休文之神，視近世北江、甘亭輩蔑如也。有就而問文術者，於是條其良楛，析其離合，又成六朝麗指一卷。

而太史公書義法二卷，則君邇年所著，尤爲一生精力之所萃焉。太史公書，論者以爲我國史籍之冠，最爲難讀。治之者，如趙甌北、梁曜北諸人，大都毛舉細故，無當宏恉。而疑之者，則又極意詆諆，誠有如陳元所稱「斷截小文，媟黷微詞，以年數小差，掇爲巨謬，遺脱纖微，指爲大尤」者。君一一疏通而證明之，有一經道破，怡然理順，可使異説者奪之氣而不敢放厥詞。「好學深思，心知其意」，如君方無愧乎斯言。嗚呼！何其偉歟！

余自慚庸薄，兄事於君者踰三十年，其獲益也，寧復有既。犹憶乙卯丁巳之交，與海寧王靜庵同旅海上，去君居不數武。三人者無十日不見，見则上下古今，縱譚忘晷。雖學詣途轍不盡同，然皆就正於君。每一言發，笑謔間作，而君徐以一語消之，莫不相悦以解。人亦多有知吾三人者。當時妄謂此樂可常，乃不數年，世變日亟，余既衰病侵尋，靜庵则鬱濍自沈，從靈均之遺则，而君亦垂垂老矣。乙盦尚書嘗有詩云：「三客一時雋吴會，百家九部共然疑。」今三客已喪其一，然则君之書雖自足傳世，不必藉人而重，非余序之，其誰耶？

君名德謙，字受之，别字益庵。以明經叙職訓導。晚年自號隘堪居士云。

丁卯夏丑，錢塘張爾田序。

太史公書義法序

孫德謙

余爲太史公書義法，并依史自序例，已以引旨一篇列於後矣。客有見其書而善之者，進而語余曰：史記傳世數千年矣。龍門所云「好學深思，心知其意」，自班彪、固父子以來，莫不議其是非，攻其牴牾，而能知意者蓋尠，此書之作，其庶幾有焉。雖然，衷聖而下，固皆史遷意之所在，聞之先儒有言，善讀者玩索而得，吾子推見至隱，融會通貫，所以闡發作史之意，出自創獲，均爲昔賢所未及道，知必得之於善讀。曷略言讀史之法，以啓牖後人乎！

余應之曰：可。今夫人之立言，不能無所折衷。余讀五帝本紀，見其取五帝德、帝繫姓，以是孔子所傳爲文之雅馴者，而世家之首太伯，列傳之首伯夷，又本乎孔子之序列所稱仁聖賢人，恍然孔子世家贊：「中國言六藝者，折衷於夫子，可謂至聖」，即自明其作史之意，奉聖言爲折衷也。世有疑吾言者乎？全書具在，可取而覆讀之，余則讀而識其意如此，非遷之有所偏主，亦非余之曲加傅會也。蓋百三十篇中，大體如紀先黄帝，世家、列傳昉於太伯與伯夷，昭然其爲折衷孔子。外此，述聖人之言若「道不同，不相爲謀」、「歲寒，然後知松柏之後彫」，不可勝舉。謂非意在衷聖，將何説乎？儒林一傳，遷所創爲，而於仲尼弟子，則又有專傳以記之，此其尊儒之意，已可想見。徵之漢書藝文志，論儒家之旨則謂游文六藝，留意仁義。余讀至「厥協六經異傳」及「載籍極博，犹考信於六藝」，知其合於儒家之游文矣。讀年表，如「形式雖强，要之以仁義爲本」與「豈非篤於仁義，奉上法」，又知其得儒家之留意矣。然則史學原本於黄老，黄老爲道家之祖，遷雖論道則先黄老，而其意固尊儒者也。

列傳七十，冠以伯夷，説者或譏其疏舛，謂伯夷以前豈無可傳者？余讀此傳中特揭「其傳曰」以發凡而起例，則史爲其人立傳者，必有舊傳之可據，故曰：「余所爲述故事，整齊其世傳。」蓋遷之作傳也，用世所舊有者，從而整齊之耳。且其言曰：「余以所聞由、光義至高，而其文辭不少概見，何哉？」」則是有概於由、光高義，無世傳之文辭，遂不能爲之傳。於伯夷則以其傳標著之，乃幸有其舊傳也。下復有「伯夷、叔齊雖賢，得夫子而名益彰」之説，則意欲表彰前賢，而不得不託始伯夷者，又可覩矣。

夫易道興於庖羲，史官設於黄帝，此遷所以言「有能紹明世、正易傳」，而黄帝爲本紀書首也。漢之張衡反援易繫辭：「庖羲氏没，神農氏作，神農氏没，黄帝、堯、舜氏作」，列爲遷所不合事。余讀序「正易傳」語，竊怪夫衡之博通，在遷方以正之爲言，而彼乃妄謂之不合，將史記果不合於易傳乎？不知言各有當，遷之所謂「正易傳」者，蓋顯示人史之大原，當祖述黄帝，有不可斷自庖羲之意。衡即據易傳而駁擊之，豈不陋甚？若司馬貞之補三皇紀，則更可嗤鄙矣。究其所失，由於序文此一言者讀之而未審耳。

抑遷於六國表則曰：「余讀秦記」，於衛康叔世家贊則又曰：「余讀世家言」，可知本紀、世家，遷皆網羅舊聞，而各有所本。余既以列傳秦人爲多，略於他國，謂其必憑藉秦記。至始皇本紀如「上宿雍」之類，屢稱始皇爲「上」者，當一仍其舊。吴、楚世家叙爭桑事，或爲處女，或爲小童，而邊邑之卑梁，乃復忽吴忽楚，余讀之而知其存兩國史文之舊。倘不達此意，史公一人著述，何致自相矛盾若是？其他詳先世，論佚事，諸如此類，余所能知其意者，誠由讀而有得，則亦不復備言矣。

且夫讀書難，讀史記之書則尤難。何以明其然哉？余讀外戚世家矣，其序則言夫婦之倫，篇首又書之曰「薄太后」「竇太后」，似此世家者直爲后妃而作。夫婦人以夫爲家，此世家苟專紀后妃，既無所謂家，又遑論乎世？考世家之例，凡以叙有土之君，外戚而次之。世家者，實以皇后之家，其父子兄弟，類無不受封爲國，世及相繼，與吳、魯等同。遷之意蓋在此，故題之曰「外戚」，得厠乎世家之中。昧者不查，誤認外戚即爲后妃，雖以劉知幾之識，犹謂「編皇后而曰『外戚傳』」，是可書天子而曰『宗室紀』」，且不能就其目諦辨之，亦足以見讀史記之不易矣。

自序，太史公仕於建元、元封之間，此「太史公」謂其父談也。其後云：「卒三歲而遷爲太史令，紬史記石室金匱之書，五年而當太初元年。」余往讀至此，謂談之仕已及元封，遷在談卒后，越三歲而方官太史，元封祗六年，如爲太史而再益以五年，以其年記之，不能當太初之元。反復誦讀，幾不得其解，久之乃悟「五年」者，其意亦謂父卒之五年。蓋談卒三歲，而遷任太史之職，談卒五年，則是爲太初元年，所以溯其作史之年，始於太初紀元。故此文之「三歲」、「五年」，皆指談卒而言，非謂官太史後又更歷五年也。「五年」之説既明，遷之作史年歲亦由此而可考。如是，讀史記者，其得以輕心掉之乎？

客於是躍然而起，曰：善哉！善哉！子長作史之意，予固知吾子之善讀而得矣。顧記有之：「書不盡言，言不盡意」。史記之書，爲吾子所言者，其意已盡於斯乎？

余曰：何敢謂然？余書今成矣。他日願將紀、傳、世家與十表并讀之，或尚有以得其意。何則？三代諸表，往往與紀、傳、世家時見詳略異同。夫紀、傳、［世家］〔二〕三者之中，詳於彼者則略於此，異於此者則同於彼，已足使後儒致疑，曉曉者不勝其辨。乃又重之以表，遷「何許子之不憚煩」耶？要知不然。竊遷之意，必以紀、傳、世家依據前史遺籍，不可以吾而增損；撰爲此表者，將欲執中求是，垂爲定論。如秦楚之際月表，大書「義帝元年」，寓春秋變一爲元，爲王者正始之意。使善讀之，所得必多，當有出於「衷聖」諸説外，輔余之所不逮者。君其樂爲之乎？

〔二〕「世家」二字，原本無，然上文有「將紀、傳、世家與十表并讀」，下文有「三者之中」云云，可知此處脱「世家」二字，今補。

客曰：唯請歸而讀表，以探其意。苟有新得，積久成編，與吾子并傳不朽，竊所希焉。

余曰：史之有表，必非虛造。誠得君而合讀之，以竟余未竟之緒，馬遷作史之意，由吾兩人而抉摘無余藴，使後世推爲功臣，以比師古之於班氏，豈非快事！

客欣然而去。客既退，於是以余讀史之法所與約略言之者，書之簡首，爲後之善讀史記者告焉。

丙寅十一月長至日，元和孫德謙。

太史公書義法卷上

元和孫德謙隘堪撰

衷聖

孔子之聖，萬世師表。當戰國時，七雄并峙，百家競起，亦極晦盲否塞矣，唯孟子、荀卿咸遵其業而潤色之。漢自武帝以前，孝文好刑名家言，竇太后又崇黄老之學，而儒術不甚貴顯，及董仲舒請表章六經孔子之道，始統於一。至司馬遷之作史也，立言之旨，一本孔子，而後凡爲學者，皆知奉聖人爲依歸，其有功聖教，抑何偉哉！

夫紀傳之史，爲遷所創。每見本紀、世家中於孔子之卒，必特筆書之。十二諸侯年表又以共和、孔子相爲終始。公羊家稱孔子爲「素王」，史公則直以素王尊之。且世家之例，公侯有國者乃得入其中，遷以孔子布衣傳十余世，學者宗之，知其世世將爲學者宗師，真有所謂教化之主者，史記世家索隱云：「教化之主，吾之師也。」故權於本紀、列傳，置之世家之列，足徵其意在尊聖矣。王安石以孔子入世家爲多所牴牾，其説未是。并爲之贊曰：「自天子王侯，中國言六藝者折衷於夫子，可謂至聖。」此蓋言孔子者，中國一人，删定六藝，爲後世政教所從出，天子以下均當取而折衷之。實則全書之中，亦自明其義法所在，無不折衷於聖人也。

吾何以知其然哉？五帝本紀云：「孔子所傳宰予問五帝德、帝繫姓。」夏本紀云：「孔子正夏時，學者多傳夏小正云」。殷本紀云：「孔子曰：殷路車爲善，而色尚白。」孝文本紀云：「孔子言『必世然後仁』，『善人之治國百年，亦可以勝殘去殺』。誠哉是言！」吴太伯世家云：「孔子言：『太伯可謂至德矣，三以天下讓，民無得而稱焉。』」魯周公世家云：「余聞孔子稱曰：『甚矣魯道之衰也！洙泗之間齗齗如也。』」宋微子世家云：「孔子稱：『微子去之，箕子爲之奴，比干諫而死，殷有三仁焉。』」田敬仲世家云：「蓋孔子晚而喜易。易之爲術，幽明遠矣，非通人達才，孰能注意焉！」即由本紀、世家觀之，豈非遷史義法，其大要則在衷聖乎！若伯夷列傳所謂「孔子序列古之仁聖賢人，如吳太伯、伯夷之倫詳矣。」則尤皦然其易明。窺子長之意，一若言世家之首太伯，列傳之首伯夷，先聖早有定論，其折衷爲至當也。

法言曰：「群言淆亂折諸聖。」折聖云者，亦謂折衷聖人耳。余讀太史公書，知其義法則在是。乃班固譏其「是非頗謬於聖人」，豈不異哉！夫千古取信者，孔子也。孔子爲生民未有之聖人，而不知有所折衷，則非聖者無法，其説亦無徵而不信矣。故近人之敢於謗聖者，直多見其不知量耳。吾獨怪班氏亦頗知尊聖者，自是非繆聖之説出，遷之衷聖足垂義法者，後世無聞焉。此非史公之不幸而孟堅之過哉！雖然，後之修史者苟思傳世行遠，亦惟折衷聖人，以遷爲法可耳。

尊儒

余向以龍門之學，宗法道家，今乃知其不然。何也？始以爲必宗法道家者，漢書藝文志云：「道家者流，出於史官，歷數成敗存亡禍福古今之道。」而遷亦謂：「究天人之際，通古今之變。」且自序言其父談習道論於黃子，所論六家要旨又以道家「精神專一，動合無形，贍足萬物。其爲術也，因陰陽之大順，采儒、墨之善，撮名、法之要。」意遷纘承父業，其學必本於道，而孰知遷固尊儒者也。

吾何以知遷之尊儒哉？儒林一傳，非子長所創作乎？其後孟堅而下，莫不因之。吾中國之推崇儒術，追溯其源，實自此傳爲始，不可見遷之尊儒與？夫儒之緣起，觀淮南子要略篇，則爲孔子所興。孔子盛德在庶，初非有土之君，遷於世家之中列入孔子，斯爲尊儒之至矣。孔子門人，達者七十。漢代通經之儒，皆從而出，故以仲尼弟子特立專傳，此外名、墨諸家，則概乎無有，亦其尊儒之意，可窺測而得者也。雖然，此猶尊儒之顯然者。吾嘗考其立言之旨，而知史公無不根極於儒家。儒家游文六經，漢志儒家云：「游文於六經之中，留意於仁義之際，祖述堯、舜，憲章文、武，宗師仲尼，以重其言。」今按之史書，無有不合。史於五帝紀贊云：「總之不離乎古文者近是。」伯夷列傳云：「學者載籍極博，猶考信於六藝。」紀、傳首篇，必揭明其義者，若言所作之史，游文六經，悉出儒家之旨也。儒家留意仁義，史漢興以來諸侯年表云：「臣遷謹記高祖以來至太初諸侯，譜其下益損之時，令後世得覽。形勢雖强，要之以仁義爲本。」又高祖功臣侯年表云：「有唐虞之侯伯，歷三代千有余載，自全以蕃衛天子，豈非篤於仁義，奉上法哉？」惠景間侯者年表云：「表始終，當世仁義成功之著者也。」是又深識儒家之旨，真能留意仁義矣。

儒家祖述堯、舜，憲章文、武，宗師仲尼，以重其言。所謂「宗師仲尼」者，余已於衷聖篇見其取宣聖之言用爲折衷，謂其義法在是矣。五帝本紀斷自黄帝，似非「祖述堯、舜」者，不知遷嘗謂「卒述陶唐以來，至於麟止。」自黄帝始，其曰「陶唐以來」，則仍上法尚書，以堯、舜爲首，未有乖乎儒家之旨者。故今雖以史原黄帝，既已撰史，不可不叙黄帝於前，然又不言「孔子所傳宰予問五帝德、帝繫姓，儒者或不傳」乎？惜其不傳，而致疑於儒者，蓋以五帝德二篇明明傳自孔子，如使儒者傳之，豈不更善？然子長所以尊儒之心，於此大可悟矣。

近世有謂司馬氏父子異尚者，其言曰：「特舉道家之指約易操，事少功多，與儒之博而寡要，勞而少功，兩兩相較，以明孔不如老，此談之學也。而遷意則尊儒。父子異尚，犹劉向好穀梁，而子歆明左氏也。」王鳴盛十七史商榷説。是亦知遷之尊儒矣。但如何而可謂其尊儒，則犹語焉未詳耳。得吾説，庶幾其昭晰而無疑乎！

宗經

劉彦和作文心雕龍，徵聖而下，繼以宗經。所以析之爲二篇者，徵聖之意，則以聖人之言用爲考徵，其文稱「先王聖化，布在方册，夫子風采，溢於格言」是也。昧者不察，見其中必有宗經之説，遂謂此與宗經無異。吾謂不然。徵聖、宗經，明明各自爲篇。宗經者，蓋言文章體用，俱備於經，與徵聖之奉聖人論文爲主者，其道則有别。易之同歸殊途，是其説也。今讀太史公書，余既以作史義法，明其爲衷聖矣，故亦以宗經之旨，諗世之治史學者。

一曰宗經之體。古無經也，史而已矣。孔子删修而後，因尊之爲經。尊之爲經者，以其爲萬古經世之書也，而原其始，則皆史也。其體，則易者兩朝交際史，故易繫辭云：

「當殷之末世、周之盛德？當文王與紂之事？」漢陸賈楚漢春秋，即易之體也。樂經久亡。周禮、儀禮者，其體爲掌固之史。漢王隆漢官解詁、衛敬仲漢舊儀，乃掌固專門之學，不但史有禮樂志、職官表也。詩始文王，則西周之史，春秋始平王，則東周之史，是皆爲斷代，體犹班固之前漢書、范蔚宗之後漢書也。以史書而論，所宗者其尚書乎！雖尚書上起堯、舜，與史公以黄帝爲首者不同，而其爲通史之體則一。況自序有云：「卒述陶唐以來」，説者謂其溯自黄帝者，以堯、舜出黄帝後，詳其先世耳。若是，史之爲體，以書爲宗，益可見矣。所謂宗經之體者此也。

一曰宗經之文。堯本紀：「能明馴德，以親九族。九族既睦，便章百姓。百姓昭明，合和萬國。乃命羲、和，敬順昊天，數法日月星辰，敬授民時。」此爲尚書文。舜本紀：「昔高陽氏有才子八人，世得其利，謂之『八愷』。高辛氏有才子八人，世謂之『八元』。此十六族者，世濟其美，不隕其名。至於堯，堯未能舉。舜舉八愷，使主后土，以揆百事，莫不時序。舉八元，使布五教於四方，父義，母慈，兄友，弟恭，子孝，内平外成。」此爲左傳文。左傳固非經。今已入經矣。然漢志，孝經、論語皆次文不能備録，故聊引之以明宗經爲文例。

六藝略，是經傳不分也。觀於此，可知其文之宗經矣。殷本紀贊是以言：「余以頌次契之事，自成湯以來，采於書、詩。」而序亦言：「厥協六經異傳」也。所謂宗經之文者此也。

一曰宗經之說。六國表：「禮曰：『天子祭天地，諸侯祭其域內名山大川。』今秦雜戎翟之俗，先暴戾而後仁義，位在藩臣而臚於郊祀，君子懼焉。」此黜秦之郊祀不合於禮，故據天子、諸侯之祭，正以禮說也。建元以來侯者年表：「自詩書稱三代『戎狄是應，荊荼是徵』，齊桓越燕伐山戎，武靈王以區區趙服單於，秦繆用百里霸西戎，吳楚之君以諸侯役百越。況乃以中國一統，明天子在上，兼文武，席卷四海，內輯億萬之衆，豈以晏然不爲邊境征伐哉！」此言戎狄之當用征伐，自三代爲然，故引詩書爲說也。所謂宗經之說者此也。宗經爲說者甚多，姑舉兩表，文不詳載。

一曰宗經之意。孔子作春秋，吳楚則外之爲夷狄。然泰伯之三以天下讓，則稱之爲至德。春秋十二公，託始於隱者，美其爲讓國之君也。史於十二諸侯年表列吳於末，而世家則獨冠以吳太伯，其意以太伯有讓德，又爲孔子所論定，故既紹春秋之學，而先之以太伯者，知其得春秋首隱之意也。伯夷列傳雖有「其傳曰」云云，爲整齊世傳之證，但夷、齊兄弟，古之讓國者也。蓋亦本春秋之意，所由此一傳者立於他傳之上乎？本紀固昉於黄帝，如史公誠法尚書，堯、舜二帝，则以禪讓聞，隱公志在讓位，春秋褒之，取其能樂乎堯、舜之道。则遷之爲本紀，仍春秋之意也。所謂宗經之意者此也。

今夫紀傳之史，創自龍門，後來史家，無不宗之，其宗之宜也。然吾於今之廢經者，不能無惑焉。昔孔子嘗言：「吾修詩書，正禮樂，將以治天下，貽來世。」見列子。则經乃治天下之具也。世之儒者，詮釋其字句，稽研其名物，探索其義理，既不識經爲治道之資，其於史也，謂足以考歷朝之政迹，而經爲上古史籍，则非所知也，於是廢經而毀聖者有矣。嗚呼！經出於史，殷周以往故事，粲然告備於此，而作史之義法，亦莫有越其範圍焉。故雖史才如遷，用其體，襲其文，采其説，師其意，且一以經爲宗，彼荒經者其鑒之哉！

正易

易繫辭：「古者庖犧氏之王天下也，仰则觀象於天，俯则觀法於地，觀鳥獸之文，與地之宜，近取諸身，遠取諸物，於是始作八卦，以通神明之德，以類萬物之情。」若是，八卦之作，創自庖犧，故後世言易者，必從庖犧始，其道然也。

太史公書，隋唐而下皆以爲正史之冠。此則史自爲部，遂與經殊科矣。而班志藝文，則列之春秋家，以其爲春秋之學也。觀其自序，一則曰：「易著天地陰陽四時五行，故長於變；禮經紀人倫，故長於行；書記先王之事，故長於政；詩記山川谿谷禽獸草木牝牡雌雄，故長於風；樂樂所以立，故長於和；春秋辯是非，故長於治人。是故禮以節人，樂以發和，書以道事，詩以達意，易以道化，春秋以道義。」再則曰：「伏羲至純厚，作易八卦。堯舜之盛，尚書載之，禮樂作焉。湯武之隆，詩人歌之。春秋采善貶惡，推三代之德，褒周室，非獨刺譏而已也。」而終之則云：「厥協六經異傳。」乃言其所撰之史，蓋合六經，而爲之不僅在春秋之傳矣。然自序之中，不又曰：「有能紹明世，正易傳，繼春秋，本詩書禮樂之際」乎？所謂「正易傳」者，裴駰諸家俱未有解，豈以與史無甚關涉與？非也。余往者亦頗疑之。易之爲書，廣大悉備，有天道焉，有地道焉，有人道焉。而遷嘗自言：「究天人之際，通古今之變。」則史固與易相同，無所謂「正」也。易之言吉凶禍福，惟以論道；史之言成敗興衰，則以紀事。將謂其書之不合於易者在此乎？然所正者爲易傳，而於易無與也。若謂易本古代之史，故春秋時韓宣子聘魯，易象與春秋得觀於太史氏，然曰「周禮盡在魯」，則易、春秋并爲周禮也審矣。禮至周而損益盡善，故孔子云：「其或繼周者，雖百世可知。」又何待於遷而正之？且易傳者，即孔子所作繫辭也。遷父談論六家要旨其引「天下一致而百慮，同歸而殊途」，稱爲易大傳，是已遷以聖人之言爲折衷，易則孔子晚年好之，豈孔子所贊者尚不足信，而思有以正之耶？

吾今而知遷之所謂「正易傳」者自有説也。雖然，其義究何如乎？曰：此無他故焉。遷史斷自黄帝，所以上窺史學之原耳。黄帝首置史官，蒼頡、沮誦實居其職。遷造史書，自不可不祖述黄帝，非與易傳之遠溯庖犧，各有所宗乎？史與易既各有所宗，斯其「正」之義也。夫易學出於庖犧，史學出於黄帝，可知古人爲學，未有不窮其原者。乃自來於「正易傳」之義，習焉不察，吾故特用表闡之，以明史公此語爲其知本之學云。

擇雅

昔孔子之修春秋也，既得百二十國寶書矣，卒用魯春秋加以筆削者，漢志所謂「以魯周公之國，禮文備物，史官有法，故與左丘明觀其史記」是也。然则春秋一經，不取他國而惟以魯史爲定本者，孔子固有所抉擇於其間。論語述而篇：「子曰：『蓋有不知而作者，我無是也。多聞，擇其善者而從之。』」此可見春秋之作，孔子亦幾經審擇矣。

夫史家記事，不能無所依據。然網羅散佚，或有不足徵信者，吾不爲之。簡擇而概從甄采，此晉書之泛收小説，宜其爲通識所呰乎！太史公五帝本紀贊云：「百家言黄帝，其文不雅馴，薦紳先生難言之」，其下復云：「擇其言尤雅者」，则遷之作史，去取綦嚴，苟非雅言，皆在所擯，亦足知其選擇之精，可示後人以義法矣。

吾聞之今之爲史學者，莫不注意於發掘，恃爲考古之資，於是得一彝器则辨其文字、時代，得一碑碣则訂其年月、職官，往往以舊史爲不足重。夫史有是非褒貶，金石家言则與史異。昌黎韓氏犹不免諛墓之誚，執金石以議史，謂其疏略牴牾，安知非當日史官芟截繁蕪，所書事實確有憑藉者乎？故但知廣事蒐訪，而一無别擇者，其弊也必失之誣。不然，如遷之南浮東至，豈不足恢擴見聞，何以著之於書必擇其言之雅正者與？且五帝德、帝繫姓，史公擇此兩篇，以其出於孔子，自較百家爲雅矣。乃犹致憾於儒者之不傳，何其謹也。其意蓋謂孔子之言固無慮其不雅矣，然不傳於今之儒者，使此二篇非爲孔子所傳，後人不將疑我擇之未當與？發凡於此，則五帝以下，凡爲紀傳，斷無有不慎擇之者。不亦善乎！

自來論史學者，以史不易作，每有史裁之説，「裁」之爲言，非美其能裁擇乎？近世身居史職者，貪多務得，撰一列傳，纚纚至數萬言，其絕少裁擇之功已可概見。復有不明史體，任臆妄言者，或喜談禁祕而雜以荒穢，或高張僞逆而昧於是非。嗚呼！此其人尚可與言史學乎？然後歎以遷之才得稱良史者，即此修辭之雅，由其長於采擇，已爲人所難能矣。昔之評遷者，嘗病其愛奇，而孰知開宗明義懔懔焉以擇雅爲先，有其作史之義法哉！

整世

太史公自序：「余所謂述故事，整齊其世傳。」謂之「世傳」者，蓋言世所舊有之傳也。

或曰：有徵乎？曰：吾於伯夷列傳得其説矣。伯夷列傳：「其傳曰：伯夷、叔齊，孤竹君之二子也。父欲立叔齊，及父卒，叔齊讓伯夷。伯夷曰：『父命也。』遂逃去。叔齊亦不肯立而逃之。國人立其中子。於是伯夷、叔齊聞西伯昌善養老，盍往歸焉。及至，西伯卒，武王載木主，號爲文王，東伐紂。伯夷、叔齊叩馬而諫曰：『父死不葬，爰及干戈，可謂孝乎？以臣弑君，可謂仁乎？』左右欲兵之。太公曰：『此義人也。』扶而去之。武王已平殷亂，天下宗周，而伯夷、叔齊恥之，義不食周粟，隱於首陽山，采薇而食之。及餓且死，作歌。其辭曰：『登彼西山兮，采其薇矣。以暴易暴兮，不知其非矣。神農、虞、夏忽焉没兮，我安適歸矣？於嗟徂兮，命之衰矣！』遂餓死於首陽山。」自

「伯夷、叔齊，孤竹君之二子」下，皆是舊傳原文，故特標「其傳曰」三字，以明此爲世所舊有之傳也。若然，「整齊世傳」者，可知凡諸列傳，遷不過於世所舊有者取而整齊之，於此傳以見其義法耳。若非舊傳，史公何必將「其傳曰」表而出之？況伯夷以前，其人當有可傳者，即如許由，亦既往登箕山而上有其冢，正可以爲之立傳矣，卒慨然而歎曰：「余以所聞由、光義至高，其文辭不少概見，何哉？」是世無許由舊傳，故惜其文辭少見。以許由不見於文辭，則夷、齊之有舊傳，益可悟矣。

且證之孟荀列傳：「其傳云：蓋墨翟，宋之大夫，善守禦，爲節用。」亦有「其傳云」者，必指墨翟舊傳而言。何以知之？墨子之學於戰國爲最盛，以遷之善叙事，何難別撰專傳，序其生平？今祇寥寥一二語，并附之孟荀傳末，豈孟、荀皆距墨者，史公亦寓闢墨之義，遂疏略至此乎？史公傳諸子，無不詳其學術。管、晏、老、莊、申、韓、儀、秦，各有其傳。墨學流傳極廣，乃所傳若是，觀於引「其傳云」，與伯夷一傳同例，則以所得舊傳惟有此數言耳。

抑又考之管蔡世家云：「武王發，其後爲周，有本紀言……周公旦，其後爲魯，有世家言。蔡叔度，其後爲蔡，有世家言。曹叔振鐸，其後爲曹，有世家言……康叔封，其後爲衛，有世家言。」此「本紀」、「世家」非謂其所著之書，乃亦據舊有者而名之。衛康叔世家贊：「余讀世家言」，謂爲「余讀」，如「讀秦紀」、「讀功令」之比。則管蔡篇中歷稱「本紀」、「世家」，非舊有之本而何？

由此類推，世家之文多言伐「我某地」者，并非史公刊落未盡，實以原書所記，使之得存其真也。然則史書本紀、世家，悉取行世舊籍，爲之整齊，以成一家之言，傳爲舊有之傳，豈不信哉！不甯唯是，或謂史記曹參世家叙功處絕似有司所造册籍，自後樊噲、酈商、夏侯嬰、灌嬰、傅寬、靳歙、周緤等傳，記功俱用此法，并細叙斬級若干、生擒若干、降若干人，又分書身自擒斬若干，所將卒擒斬若干，又總叙攻得郡若干、縣若干，擒斬大將若干、裨將若干、二千石以下若干，纖悉不遺，另成一格，蓋本分封時所據功册，而遷料簡存之者。見趙翼廿一史劄記。其説是也。蓋史家載筆，不可鄉壁虛造，曹參諸人世無有傳之者，爰憑叙功之册，或入世家，或入列傳。此即「整齊世傳」之例也。

問者曰：索隱今補三皇本紀，又嘗欲於世家之中補曹叔振鐸、許男、邾子、張耳、吴芮，列傳則補吴延陵、鄭子産、晉叔向、衛史魚，後人有議其非者，其果非耶？王鳴盛十七史商榷有「索隱改補皆非」説。曰：索隱之補史，彼未識龍門作史，在就世傳者整齊之，其世傳所無則從蓋闕，非脱漏也。况曹叔振鐸有世家次管蔡后，張耳自有傳，其余延陵四賢臣，吴、鄭諸世家，均詳記之，但未分析爲傳耳。史公義法，豈在方圓求備哉？若本紀之託始黄帝，乃遷探乎史學之原，貞之補列三皇，真多事矣。

問者又曰：史記不立楚懷王孫心傳，殊爲缺筆。陳涉已世家矣，項羽已本紀矣，心雖起牧羊，然漢高與項羽嘗北面事之，漢高之入關，實奉其命以行，後又與諸侯共尊義帝，而漢高之擊項羽也，并爲之發喪，則心固當時共主。且其人亦非碌碌不足數者：因梁敗於定陶，即并項羽、吕臣軍自將之；因宋義預識項梁之將敗，即拜爲上將軍；因項羽殘暴，即令漢高扶義而西；及漢高先入關，羽以强兵繼至，亦居滅秦之功，使人報心，心仍守先入關者王之之舊約而略不瞻狥。是其智識信義亦有足稱者，非劉聖公輩所可及也，自當專立一傳。乃史記逸之，豈以其事附見項羽諸傳中，故不復耶？然律以史法，究未協也。趙翼說。答之曰：吾讀秦楚之際月表矣，其序則以陳涉、項羽有滅秦之功，而卒踐帝阼者爲漢高，以此爲號令三嬗，獨不數義帝。至於表中書「元年」者，惟有義帝。春秋變一爲元，謂王者當繼天奉元，養成萬物，則公羊傳：「元年者何？君之始年也。」獨於義帝稱「元年」者，得春秋正始之旨。如此，則漢之帝統，親承義帝，而義帝真當時共主也。故若義帝者，雖本紀可矣，何但列傳哉？遷既以特筆尊義帝，而傳反缺之者，其世傳無可援據耳。

有起而難者曰：遷之爲史，必待世傳而成，不太易乎？曰：無所因而首創者難爲功，有所本而求精者易爲力。班氏漢書，孝武以前全用史文。范氏後漢，亦有謝承、華嶠供其删潤。遷在當日，古無紀傳之史足可依仿，時又天下遺文古事靡不畢集，即其整齊之功，非可幾及，豈如孟堅而下，有其成法之可循者所得同語哉！遷又自言曰：「厥協六經異傳，整齊百家雜語。」夫以傳之乖異者厥協之，語之亂雜者整齊之，非遷之良史才，其孰能與於斯！

原史

記曰：「或原也，或委也。此謂之務本。」昔者戰國諸子之學，各有所本，故墨家原於大禹，農家原於神農，未有不可考其原者。論乎史學，豈獨無所本乎？吾觀遷史本紀首列黃帝，而歎史公能知史之大原，爲其學所從出也。班固以遷之論大道先黃老而後六經，以爲是非之繆於聖人者在此。嗚呼！班氏史家也，亦知學貴討原哉？夫史職非創立於黃帝，老子非親爲柱下史乎？後之道家，莫不祖法黃老矣。即班氏於藝文志，亦云「道家者流，出於史官」。道家既出於史，則論大道而先黃老，爲史家所當然也。何也？以史學導原於黃老耳。不然，遷不云乎「學者載籍極博，犹考信於六藝」，彼方以經爲考信之資，豈肯後六經哉！特其所撰百三十篇乃史也，爲史學而究其原，六經宜在其後，不得不取黃老爲先矣。此非子長之崇黃老而抑六經也。

夫六經皆史也。然自孔子删修而後，不能不尊之爲經，以經之言常，爲萬世常行之道。

既是孔子之經，則非復舊史矣。而隋唐以降，自不可不別立史部，以史公爲之冠。夫太史公書固後世史學之原，若推而上之，則黄老也。故本紀之始黄帝，與論道之先黄老，此皆遷之深於史學，能識其淵源所自也。

且遷惟識乎史學之原，而黄帝以前則不復書。乃漢張衡條上遷所叙不合事，則云：「易稱宓戲氏王天下，宓戲氏没，神農氏作，神農氏没，黄帝、堯、舜氏作。史遷獨載五帝，不記三皇，今宜并録。」見後漢書衡傳注。而司馬貞竟補三皇本紀，亦云異矣。其言曰：「太史公作史記，古今君臣，宜應上自開闢，下迄當代，以爲一家之首尾。今闕三皇，而以五帝爲首者，正以大戴禮有五帝德篇，又帝系皆叙自黄帝以下，故因以五帝本紀爲首。其實三皇已還，載籍罕備，然君臣之始，教化之先，既論古史，不合全闕。近代皇甫謐作帝王代紀，徐整作三五厤，皆論三皇以來事，斯亦近古之一證。今并采而集之，作三皇本紀。雖復淺近，聊補闕云。」如其所説，第以紀事論，三皇亦宜載之。然不知遷之斷自黄帝而三皇所以無本紀者，直以史學溯原於是乎！夫考鏡源流，爲學之要訣也。貞不能抉史學之原，但知拾遺補缺，爲作史之能事，何其所見之陋若是！

雖然，尚書者，古所謂記言之史也。昔孔子求書，得黄帝元孫帝魁之書，迄秦穆公，凡三千二百四十篇，斷遠取近，定可以爲世法百二十篇，以百二篇爲尚書，十八篇爲中侯。王應麟玉海引鄭元論。〔一〕孔子既得黄帝元孫書，黄帝爲史學之原，何以斷遠取近，而尚書獨不録黄帝乎？曰：此尚書之所以爲經，而於遷不同也。經爲世法，故書取堯、舜，黄帝犹慮其荒遠。遷则以史學之原，肇於黄帝，是以撰爲本紀，遂從而立乎其首，論道则以黄老爲先耳，又非遷之不欲垂爲世法也，不見其用五帝德兩篇而作此黄帝本紀，犹以儒者不傳爲慮乎？蓋遷史固極有義法者也。世之有志史學者，所貴心知其意矣。

存舊

夫人作爲文章，不可蹈襲舊説，至於史则不然。馬遷之作史，其所據者，爲國語、國

〔一〕自「昔孔子求書」至「十八篇爲中侯」凡五十三字，孫德謙以爲出自鄭玄書論。考玉海卷三七藝文，作「鄭作書論引尚書緯」，證以孔穎達尚書正義及史記伯夷列傳司馬貞索隱，可知此段文字確出自尚書緯璇璣鈐。孫氏直謂「王應麟玉海引鄭玄論」，不确。

策諸書，皆舊籍也。自序云「整齊其世傳」，亦謂取舊籍整齊之耳。然则全史之中，所載文辭，亦存其舊而已矣。

何以知之？如記秦始皇即位，趙、魏世家并云：「秦王政初立」，韓世家则闕如，而楚世家乃言：「秦王趙政立」，書法獨異。若出史公之筆，概從一例可也，何以於韓遺之，楚则別爲「趙政」？吾謂此必六國史文如是，遷特悉存其舊耳。況燕世家：「子今王喜立。」「今王」者，當時人所稱，犹竹書紀年以魏襄王爲今王是也。苟非燕「世家」之舊，遷何必名之「今王」哉？又本紀、世家其間多有稱「我」者，如秦本紀桓公三年「晉敗我一將」，昭襄王三十一年「楚人反我江南」；吴世家「吴伐楚，楚敗我師」，諸如此類。或以爲史公删之未盡者，不知既用舊文，當留存之，有不必刊削者也。蓋周時列國諸侯，各有國史，一國之史言「我」，所以別於人，故謂之「我」者，爲其國史之舊可見矣。且讀秦始皇本紀「四月上宿雍」，又曰「事無大小皆決於上，上至以衡石量書」，又曰「上病益重」，又曰「丞相斯爲上崩在外」，此數言「上」者，必係秦史之舊。集解：「司馬遷記事，當言『帝』则今每稱曰『上』」者，非存舊而何？

抑吾讀吴、楚世家，觀其同記一事而彼此有不符者。吴世家：「初，楚邊邑卑梁氏之處女與吴邊邑之女爭桑，二女家怒相滅，兩國邊邑長聞之，怒而相攻，滅吴之邊邑。吴王怒，故遂伐楚，取兩都而去。」楚世家：「初，吴之邊邑卑梁與楚邊邑鍾離小童爭桑，兩家交怒相攻，滅卑梁人。卑梁大夫怒，發邑兵攻鍾離。楚王聞之怒，發國兵滅卑梁。吴王聞之大怒，亦發兵，使公子光因建母家攻楚，遂滅鍾離、居巢。」在吴則以卑梁爲楚邊邑，在楚則又以爲吴邊邑，并爭桑者，吴世家爲二處女，楚世家又爲小童。世家如必謂史公所作，不應一事而岐異若此。伍子胥傳與吴世家同。蓋兩世家之舊，各存其説耳。衛世家贊故曰：「余讀世家言」也。

復有其事則一，而前後參差者。如殷本紀：「殷之太師、少師乃持其祭樂器奔周。」太師、少師者，不詳其姓字。周本紀則云紂「殺王子比干，囚箕子。太師疵、少師强抱其樂器而奔周。」是太師、少師則其名爲疵與强矣。至宋世家又云：「武王克殷，「微子持其祭器造於軍門。」則又爲微子之事矣。祇此抱器歸周，殷、周兩紀已有詳略之别，既知其爲疵、强二人，而宋世家中何又屬之微子？真有不可曉者。不知遷史號爲實録，殷本紀舊爲太師疵、少師强，所謂與其過而廢之，毋寧過而存之，豈可以宋世家明言微子，而去本紀之文？亦豈可以疵、强之事，遂將微子而易之？讀其書者，苟不識「存舊」之義，不且生其惶惑乎？

宋黄震日鈔，於黄池之會吴、晉爭長，謂史於吴世家曰「長晉」，於晉世家曰「長吴」，自相矛盾，未知孰是。吾謂黄氏但不達遷書有「存舊」之義耳。蓋吴、晉二世家，遷皆據其國史舊文。吴之國史自宜言「長晉」，而晉之國史自宜言「長吴」。此乃各爲其國，非遷之自相矛盾也。

夫事之傳於後世，於其是非得失，孰能遽從而臆決之？故遷之網羅舊聞，往往并存焉，而不欲自爲棄取。昔孔子之修春秋也，「夏五」、「郭公」，雖闕文必録，亦存魯史之舊也。如遷者，殆本春秋之法哉！

詳近

人之恒情，莫不貴遠而賤近。若夫著書，則有異乎是。此其故何也？荀卿之言曰：

「五帝之外無傳人，非無賢人也，久故也。五帝之中無傳政，非無傳政也，久故也。禹、湯有傳政而不若周之察也，非無善政也，久故也。傳者久則論略，近則論詳。」然則詳近而略遠，此亦史傳之達例乎？太史公書始自黄帝，可謂遠矣。然五帝合爲一紀，夏、殷三代亦衹各成一紀，及秦則既有秦本紀，又有始皇本紀，漢則高帝以下迄於武帝，每帝皆爲之紀。若是者何哉？蓋即略遠而詳近耳。

夫人之立言，貴在取信，騖遠而荒，古人所戒。昔孔子贊易，其序卦云：「有天地然後有萬物，有萬物然後有男女，有男女然後有夫婦，有夫婦然後有父子，有父子然後君臣、上下，禮義有所錯。」從有天地爲説，而天地以前則不之及，知聖人之意，近在人倫，不欲高談元妙也。删書則獨載堯以來，康成鄭氏所謂斷遠取近，其義尤彰明較著矣。遷之作六國表也，蓋嘗自言其詳近之故，曰：「獨有秦記，又不載日月，其文略不具。然戰國之權變亦有可頗采者，何必上古。秦取天下多暴，然世易變，成功大。傳曰『法後王』，何也？以其近己而俗變相類，議卑而易行也。」由此而觀遷於近世之事最能詳備者，不於此表見其意乎？高祖功臣侯年表又云：「觀所以得尊寵及所以廢辱，亦當世得失之林也，何必舊聞？」言「當世得失」者，此亦揭其詳近之恉，以爲修史之法，近在當世，亦貴條列其得失也。雖然，吾於此知遷之得詳於近者，漢事而外，亦以有秦記在耳。六國表中一則曰：「太史公讀秦記」，再則曰：「余於是因秦記踵春秋之後」，則秦記一書，子長必親睹之，故所作列傳不詳於他國而獨詳於秦。今觀商君鞅后，若張儀、樗里子、甘茂、甘羅、穰侯、白起、王翦、范睢、蔡澤、吕不韋、李斯、蒙恬諸人，惟秦爲多。遷豈有私於秦哉？據秦記爲本，此所以傳秦人特詳乎？

今之學者，好言遠古，甚者推至結繩而上未有文字之始，其與史家之詳近略遠，曷有當哉！抑吾聞劉彦和之説矣，其史傳篇曰：「追述遠代，代遠多僞，公羊高云傳聞異辭，荀況稱録遠略近，蓋文疑則闕，貴信史也。然俗皆愛奇，莫顧實理。傳聞而欲偉其事，録遠而欲詳其跡，於是棄同即異，穿鑿傍説，舊史所無，我書則傳，此訛濫之本源，而述遠之巨蠹也。」夫傳聞失實，加以穿鑿，欲求其書之可傳，何足垂諸後世乎！愛奇之士，亦惟詳其近而已矣。如劉氏之論史，獨以述遠爲蠹，斯真知言之君子哉！

載疑

論語：「子曰：『君子於其不知，蓋闕如也。』」又曰：「多聞闕疑，慎言其余，則寡尤。」若是，不知則闕，固君子慎言之義也。史遷於高祖功臣侯年表云：「於是謹其終始，表見其文，頗有所不盡本末；著其明，疑者闕之。」又仲尼弟子列傳云：「余以弟子名姓文字悉取論語弟子問并次爲篇，疑者闕焉。」可知子長作史，頗識多聞慎言之旨矣。

夫讀書而不善疑，則義理必不能推求；但有疑而不知姑從其闕，將自信過深，必有妄言之弊，亦非持慎之道也。三代世表復云：「至於序尚書則略無年月，或頗有，然多闕，不可録。故疑則傳疑，蓋其慎也。」吾又以知闕疑爲慎，有疑而仍傳其説者，未嘗不謂之慎。何以明之？史老子列傳云：「或曰：老萊子亦楚人也，著書十五篇，言道家之用，與孔子同時云。蓋老子百有六十余歲，或言二百余歲，以其修道而養壽也。自孔子死之後百二十九年，而史記周太史儋見秦獻公曰：『始秦與周合而離，離五百歲而復合，合七十歲而霸王者出焉。』或曰儋即老子，或曰非也。世莫知其然否。」而孟子荀卿列傳云：「墨翟，宋之大夫，善守禦，爲節用。或曰並孔子時，或曰在其後。」雖其傳疑者不惟乎此，然兩傳之中皆載有「或説」，不敢謂老子非老萊與儋，亦不敢定墨翟爲孔子時人，乃其傳疑之慎也。

夫人生古人後，傳聞異辭，安能由我而決之？所以傳疑者，留待後賢之研討耳，使是非任臆遽行去取於其間，如我之所删存者未必得當，豈不使後人轉滋疑誤乎！故疑以傳疑，斯慎之至也。

難者曰：史公備載諸説，亦有自爲釋解者，如齊太公世家云：「周西伯獵，果遇太公於渭之陽，與語大説，曰：『自我先君太公曰：當有聖人適周，周以興。子真是邪？吾太公望子久矣。』故號之曰『太公望』，載與俱歸，立爲師。或曰，太公博聞，嘗事紂。紂無道，去之。游説諸侯，無所遇，而卒西歸周西伯。或曰，吕尚處士，隱海濱。周西伯拘羑里，散宜生、閎夭素知而招吕尚。吕尚亦曰『吾聞西伯賢，又善養老，盍往焉』。三人者爲西伯求美女奇物，獻之於紂，以贖西伯。西伯得以出，反國。言呂尚所以事周雖異，要之爲文武師。其曰「事周雖異」，固謂太公之事周，言人人殊，亦幾疑不能定矣。斷之曰：「爲文武師。」「爲文武師」，則是無可疑者也。抑知於無可疑者則斷之，苟兩説乖迕而莫從折衷，則必并載之，不復稍加意議。吾有以見史遷立言之慎也。許叔重説文序有所謂「聞疑載疑」者，史書義法，即觀於老、墨之各載疑辭，不又有「載疑」之道與？

訂誤

金王若虛著史記辨惑，其中兩篇有顯言其誤者：一曰采摭之誤，一曰疑誤。蓋皆舉史書之誤文而爲之辨訂者也。然彼未知史公自有訂誤之處。史公既自有訂誤，則其所載事實，人所黜爲誤謬者，必不當輕肆譏評。何也？事實如真誤謬，子長將訂之於先，何待後人之糾訂乎？今請列其訂誤之説，以爲治史者告。

周本紀云：「學者皆稱周伐紂，居洛邑，綜其實不然。武王營之，成王使召公卜居，居九鼎焉，而周復都豐、鎬。至犬戎敗幽王，周乃東徙於洛邑。」此訂周之都洛，實在幽王以後。其始則惟都於豐、鎬，以爲周既伐紂即都洛邑者，誤也。魏世家云：「説者皆曰魏以不用信陵君故，國削弱至於亡，余以爲不然。天方令秦平海内，其業未成，魏雖得阿衡之佐，曷益乎？」此訂魏之亡國，由於天將令秦削平海内以成一統之業，謂不用信陵君遂至於削亡者，又誤也。蘇秦列傳云：「蘇秦被反間以死，天下共笑之，諱學其術。然世言蘇秦多異，異時事有類之者皆附之。夫蘇秦起閭閻，連六國從親，此其智有過人者。吾故列其行事，次其時序，毋令獨蒙惡聲焉。」此蓋惜蘇秦約從六國，智略過人，祇因死於反間，天下多非笑之，遂使獨蒙惡聲耳，吾所以列其行事，次其時事者，爲訂世言附會之誤也。刺客列傳云：「世言荊軻，其稱太子丹之命，『天雨粟，馬生角』也，大過。又言荊軻傷秦王，皆非也。始公孫季功、董生與夏無且游，具知其事，爲余道之如此。」此又見荊軻之事，夏無且具知之，世言「天雨粟，馬生角」，又言「傷秦王」，皆未得其真，本傳不載者，明已訂其誤也。酈生陸賈列傳云：「世之傳酈生書，多曰漢王已拔三秦，東擊項籍而引軍於鞏、洛之間，酈生披儒衣往説漢王。迺非也。自沛公未入關，與項羽别而至高陽，得酈生兄弟。」此以酈食其之見漢高乃在未入關以前，傳其書者，往往言儒衣説漢王當已拔三秦之後，則誤也。傳中沛公至高陽傳舍，使人召酈生，然則叙此事於高陽者，史公不取傳説，殆早釐訂之矣。下平原君傳乃從世説，蓋傳疑耳。遷之意則以本傳所訂爲正。大宛列傳云：「禹本紀言：『河出崑崙。崑崙其高二千五百余里，日月所相避隱爲光明也。其上有醴泉、瑤池』。今自張騫使大夏之後也，窮河源，惡睹本紀所謂崑崙者乎？故言九州山川，尚書近之矣。至禹本紀、山海經所有怪物，余不敢言之也。」此足徵史遷不好語怪，九州山川惟以尚書爲本，而禹本紀、山海經之怪物，謂不敢言者，何其謹也！雖時至今日，人必嗤其識之迂，然遷在炎漢之世，并不聞有所謂崑崙者，宜其黜之爲誤而有以訂正之乎？

凡此史所訂誤者，既臚陳之矣，則全書之中苟考之他籍而意其有誤，不可不加以審慎。何則？史百三十篇，古今之信史也，其於相傳之誤又訂其違失，若是，豈尚有誤焉者乎？如曰有誤，必且細爲推闡，闕疑而慎言之可耳。夫人但據今日所見之書與後出之本，而責遷爲誤妄，亦甚矣。雖然，疏略牴牾，自班固即有其説，裴注而後，專喜攻遷之短，亦可云不憚煩矣。如王氏之辨惑，其辨多有未合，安得一一以駁斥之哉？

釋意

昔戰國諸子其立説各有旨意，所以爲專家之術也。後之治其學者，不能探索其意，遂穿鑿附會以出之，豈不悖哉！太史公書其所爲紀、傳、書、表，每有明言其意者。夫彼既明言其意，則宜就其意以引伸之，即未明言，亦必有意之所注，豈可强加駁擊？乃自裴注而下，轉欲攻其疏舛，亦過矣。嗚呼！遷嘗謂藏之名山，傳之其人，是殆深歎於傳人之不易得乎！

吾觀索隱於秦本紀云：「秦雖嬴政之祖，本西戎附庸之君，豈以諸侯之邦而與五帝、三王同稱本紀？斯必不可，可降爲秦世家。」項羽本紀云：「項羽崛起，爭雄一朝，假號西楚，竟未踐天子之位，而身首別離。斯亦不可稱本紀，宜降爲世家。」呂后本紀云：「呂太后以女主臨朝，自孝惠崩后立少帝而始稱制，正合附惠紀而論之。不然，或別爲呂后本紀，豈得全没孝惠而獨稱呂后本紀？合依班氏，分爲二紀焉。」

即由本紀言之，索隱糾史之失，未爲無見，然遷自有意之所在，則彼不知也。夫其作秦本紀也，亦犹殷、周之叙先世耳。如謂天子曰「本紀」，秦在始皇以前未得爲天子，不應有本紀之稱似也，然殷本紀始於契，周本紀始於稷，契與稷不過分封之國，豈天子耶？若始皇而上，秦不當稱本紀，則殷宜首湯，周宜首武，今何以一則由湯而追溯至契，一則由武而追溯至稷？以此例之，秦之有本紀，意在詳其先世，不必降爲世家，有斷然者矣。與始皇之分爲二紀者，則以秦之事多，非若殷、周可合并耳。後世謂其法春秋之十二公，故爲秦特作一紀以成其數，又謂秦與始皇分紀者所以别嬴、吕，史公更未必有此意也。項羽之爲本紀，當秦已滅亡，漢犹未正帝位，其時天下無主，權歸於羽，史謂「分裂天下而封王侯，政由羽出，號爲『霸王』，位雖不終，近古以來未嘗有也。」是遷之撰爲本紀，實因政令由羽而出。時天下王侯，胥受其封，直一得位之興王矣，其意灼然可見，降爲世家，則不然也。書有之曰：「天降下民，作之君。」故君者，爲民而設也。史公意在重民，今吕后紀贊曰：「孝惠皇帝、高后之時，黎民得離戰國之苦，君臣俱欲休息乎無爲，故惠帝垂拱，高后女主稱制，政不出房户，天下晏然。刑罰罕用，罪人是希。民務稼穡，衣食滋殖。」斯可識子長之立本紀，以呂后雖爲女主，而民人離戰爭之苦，爲君臣者皆志乎無爲之治，於是刑罰罕用，衣食滋殖，天下幾享太平之福，深爲斯民慶也。若是，呂后雖入本紀，亦固其宜。凡此三者，果能達乎史公之意，如索隱者，不免好事更張矣。

聞之孟子曰：「以意逆志，是謂得之。」讀史者，曷用吾意以推勘之乎！且夫遷固有申釋其意者，今更爲條舉之。五帝本紀云：「予觀春秋、國語，其發明五帝德、帝繫姓章矣，顧弟弗深考，其所表見皆不虛。書缺有間矣，其軼乃時時見於他說。非好學深思，心知其意，固難爲淺見寡聞道也。余并論次，擇其言尤雅者，故著爲本紀書首。」特出「故」字，是爲此紀說明作意，下倣此。管蔡世家云：「管叔作亂，無足載者。然周武王崩，成王少，天下既疑，賴同母之弟成叔、冉季之屬十人爲輔拂，是以諸侯卒宗周，故附之世家言。」陳杞世家云：「周武王時，侯伯尚千余人。及幽、厲之後，諸侯力攻相并。江、黄、胡、沈之屬，不可勝數，故弗采著於傳上。」三王世家云：「燕齊之事，無足采者。然封立三王，天子恭讓，群臣守義，文辭爛然，甚可觀也，是以附之世家。」此言「是以」，亦是申說作意。蘇秦列傳云：「夫蘇秦起閭閻，連六國從親，此其智有過人者。吾故列其行事，次其時序，毋令獨蒙惡聲焉。」魯仲連鄒陽列傳云：「魯連其指意雖不合大義，然余多其在布衣之位，蕩然肆志，不詘於諸侯，談説於當世，折卿相之謀。鄒陽辭雖不遜，然其比物連類，有足悲者，亦可謂抗直不撓矣，吾是以附之列傳焉。」以上所述，或言「故」，或言「是以」，非於每篇之中遷皆有以申釋其意無可致疑乎？夫「故」也，「是以」也，祇此一二虛字，讀其書者，往往易於忽視，在遷則誠恐人不達其意，故特標著之。即其編目之失序，紀事之互岐，均當紬繹其意而細加省察，不可通者，則存而弗論可也。況自序中「作五帝本紀第一」、「作夏本紀第二」，凡百三十篇，幾全書之所以造作者，無不各釋其意乎？必曉曉與之辨，夫亦可不必矣。

略書

昔劉向之校理中祕也，所重在書，而於人則從略，故凡孟、荀諸子其人已入史書者，惟注之曰「有列傳」，人則名姓以外不復有述也。若遷史則反是。蓋史以紀事爲主，貴乎紀其人之事實，書则不妨略而不言也。

管晏列傳云：「既見其著書，欲觀其行事，故次其傳。至其書，世多有之，是以不論。」老莊申韓列傳云：「申子、韓子皆著書，傳於後世，學者多有。余獨悲韓子爲說難而不能自脱耳。」此蓋明取此篇之意，非論全書也。司馬穰苴列傳云：「穰苴區區爲小國行師，何暇及司馬兵法之揖讓乎？世既多司馬兵法，以故不論，著穰苴之列傳焉。」孫子吴起列傳云：「世俗所稱師旅，皆道孫子十三篇、吴起兵法，世多有，故弗論，論其行事所施設者。」孟子荀卿列傳云：「自如孟子至於吁子，世多有其書，故不論。」有連下「其傳云」爲句者，似於史體未符。

由此數傳觀之，子長不明言其於書则略乎？夫詳載其人生平言行，而其所作之書，亦皆加以討論，裁入傳中，则必失之繁冗。天下事詳於此者略於彼，爲理勢所當然。吾讀後漢書矣，凡有著書者，但於其人傳末謂有賦頌若干篇，列其名目而已，蓋亦略書之意也。昔劉子元且以人主之制册、誥令，群臣之章表、移檄，謂當收之紀傳，悉入書部，别題爲「制册」、「章表書」，以此比禮樂刑法之有志。推此而言，豈撰述之書而又可如目録家言條辨其得失乎？此史公所以略之也。史志之有藝文，昉自漢書，亦以補史之缺。

雖然，史公之作傳，其重在人，自不能不略其書。而後之學者苟讀古人書，不可不參徵於史。吾試舉韓非子言之。傳曰：「非見韓之削弱，數以書諫韓王，韓王不能用。於是韓非疾治國不務脩明其法制，執勢以御其臣下，富國强兵而以求人任賢，反舉浮淫之蠹而加之於功實之上。以爲儒者用文亂法，而俠者以武犯禁。寬则寵名譽之人，急则用介胄之士。今者所養非所用，所用非所養。悲廉直不容於邪枉之臣，觀往者得失之變，故作孤憤、五蠹、内外儲、説林、説難十余萬言。」其下復云：「人或傳其書至秦。秦王見孤憤、五蠹之書，曰：『嗟乎！寡人得見此人與之游，死不恨矣！』李斯曰：『此韓非之所著書也。』」若是，韓非之書爲韓而作，入秦则在後，其書特爲人傳至於秦耳。吾不解後之不善讀史者，何其多也，果善讀之，非爲韓之忠義士，何至沉冤至於今而不白乎？然则遷書犹在，吾嘗據以辨誣矣。其他老子言道家意，老萊言道家用，以及莊子之爲寓言，申子之本黄老，未嘗不論其書之大旨。

説者曰：在人謂之傳，在書謂之序。章實齋先生説。故遷之列傳，即以爲群書序可也。

不然，荀子、管子諸書録，中壘别録佚篇獲覩其全者，何以多與史傳同？蓋可悟其故矣。特是誦詩讀書，固以知其人爲要。史固考證之資也，作史則不然，史公之略書而不論，其重在人。知史家之義法應如是也。

删要

或問史官載筆，凡援引前人文字，可以行删削之權與？余始舉文選爲證。文選任昉奏彈劉整，李善注：「昭明删此文太略，故詳引之。令與彈相應也。」謂選家既可删節，豈作史者勢有不能？然未有確據也。其後取漢志所謂「今删其要，以備篇籍」，以爲此固史家之明驗矣。班志藝文，不惟將七略之中，全删其輯略一類，向、歆父子每書校畢，皆條其篇目，撮其指意，自有序録之文，今亦爲孟堅删去。如是，史臣删削之權，亦可睹矣。

或又曰：遷史義法，爲後賢所規範，此必龍門創爲之，漢書繼其踵耳。於史書有所見乎？曰：有之。不讀司馬相如傳乎？傳云：「無是公言天子上林廣大，山谷水泉萬物，及子虛言楚雲夢所有甚衆，侈靡過其實，且非義理所尚，故删取其要，歸正道而論之。」此非明明言其删要與？索隱乃謂：「小顔云：『删要[一]，非謂削除其詞，而説者謂此賦已經史家刊剟，失其意也。』」則彼未知删要者爲作史之權，蓋博采群籍，加以删潤，庶幾成其爲一家言。史公殆於此發其例耳。雖相如辭賦，凡載之傳中者，余嘗用選本互相讐對字句，稍有異同，無甚出入於其間，然恐蕭氏所録已爲子長删定者，未可知也。小顔之説，夫豈然哉？

且遷之删略者多矣。陳杞世家云：「滕、薛、騶，夏、殷、周之間封也，小，不足齒列，弗論也。周武王時，侯伯尚千余人。及幽、厲之後，諸侯力攻相并。江、黄、胡、沈之屬，不可勝數，故弗采著於傳上。」然則此數國者，不爲之撰輯世家，由其删除而然矣。今夫左氏、國語，非史公所援據者乎？吾以周本紀觀之：宣王不籍千畝，國語述虢文公言農事綦詳，而本紀但云：「宣王不修籍千畝，虢文公諫曰不可，王弗聽。」宣王料民太原，國語記仲山父之諫，極論料民之失，而本紀但云：「宣王既亡南國之師，乃料民於太

[一]「删要」，原本作「删取」，或據上文「删取其要」而誤，史記司馬相如列傳司馬貞索隱作「删要」。今據改。

原。仲山甫諫曰：『民不可料也。』宣王不聽，卒料民。」襄王以翟伐鄭，國語於富辰之諫，書其語甚長，而本紀但云：「王怒，將以翟伐鄭。富辰諫曰：『凡我周之東徙。晉、鄭焉依。子頽之亂，又鄭之由定，今以小怨棄之！』王不聽。」一皆經其删節。其余定王使單襄公聘宋；簡王八年，魯成公來朝；靈王二十二年，穀、洛鬬，將毀王宫；景王二十一年，將鑄大錢；敬王十年，劉文公與萇弘欲城周。此五朝事，國語有之，史皆不載，则史所删要者已如此矣。他若世本、國策、楚漢春秋，凡其甄采之書，必經删削，固無待言。以此歎史臣權自我操，苟欲垂爲信史，不得不施以删飾之功也。昔孔子删述詩、書，则筆削謹嚴，於是爲萬事政教之所從出。太史公書其亦本此義法哉！

識大

論語：「曾子曰：『君子所貴乎道者三：動容貌，斯遠暴慢矣；正顔色，斯近信矣；出辭氣，斯遠鄙倍矣。籩豆之事，則有司存。』」解者曰：「敬子忽大務小，故又戒之以此。」然则人之於道所貴者，在識大體而已矣。史遷於封禪書云：「俎豆珪幣之詳，獻酬之禮，則有司存。」彼觀其意，作史之道非亦以識大體爲貴乎？

其識大體奈何？吾聞有言之者矣。夫遷紹法春秋，爲十二本紀，自此以下至「此何可哉」，說本章實齋先生。其年表、列傳，次第爲篇，足以備其事之本末。至於典章制度，所以經緯人倫，綱維世宙之具，别爲八書以討論之。後史承流而作，遂爲史家不易之法。然遷所爲禮、樂諸書，不過采其綱領，討論大凡，俾與紀傳互相發明。若名物器數，以爲自有專家之書，不求全備，亦犹左氏之數典徵文，非必具周官之纖悉也。自沈、范以降，討論之旨漸微，器數之加漸廣。歐陽新唐之志，甚至以十三名目，成書至五十卷，凡官府簿書，泉貨注記，分别門類，唯恐不詳。宋、金、元史，繁瑣愈甚，盈牀疊幾，難窺統要。是由不識大體耳。昔管子、吕覽、鴻烈諸家，所述天文、地圓、官圖、樂制，皆采掇制數，運以心裁，故能勒成一家言。子長之略於名物器數，惟期得其大體，蓋犹存諸子之遺也。彼經生策括，類家纂要，本不足與言著作，所以取事物之兼賅者，特便於尋檢耳。史则宜綱紀群言，傳之後世，如欲事物之曲折詳盡，文必冗蕪，例必龐雜，此何可哉？作史之須識大體，其要略則如是。

抑不獨書志然也。荀悦有云：「立典有五志焉：一曰達道義，二曰彰法式，三曰通古今，四曰著功勳，五曰表賢能。」干寶之釋五志也：「體國經野之言，則書之；用兵征伐之權，則書之；忠臣烈士孝子貞婦之節，則書之；文誥專對之辭，則書之；才力技藝殊異，則書之。」而劉子元則益以三科：「一曰叙沿革，二曰明罪惡，三曰旌怪異。」如是，則史家書事，即於紀傳之中，要當擇其道義法式諸大端以爲記載可矣。其義法則遷史備之。

且夫史之當識大體，與經之當通大義，其道同也。近之治經者，專務瑣屑考訂，潛夫論所謂「大義爲先，名物爲後」者，適得其反，豈不異與？孔子之論政也，則曰：「所重民、食」，至於樊遲請學稼，曰：「吾不如老農」，請學爲圃，又曰：「吾不如老圃」。其何故哉？亦謂學固有大焉者在也。論詩則興觀群怨，繼之以事父事君，乃其義之大者也；多識鳥獸草木之名，則緒余耳。而爲經學者，往往致力於此，可謂昧於大義矣。子貢曰：「賢者識其大者，不賢者識其小者。」孟子曰：「從其大體爲大人，從其小體爲小人。」讀經而不達大義，斯誠失之！曾謂作史而可不識大體乎？索隱於禮書云：「此之八書，紀國家大體。」其足窺史公撰述之意哉！

行權

唐韋安石曰：「史官權重宰相。宰相但能制生人，史官兼制生死。」史官之權若是乎其大哉？昔孔子筆削春秋，因興以立功，就敗以成罰，假日月以定厤數，藉朝聘以正禮樂，是非二百四十二年之中，甚至貶天子，退諸侯，討大夫，以立一王義法。嗚呼！如孔子者，其實行修史之權，豈不可見哉！孟子曰：「春秋，天子之事，而孔子自言則謂：『知我者惟春秋，罪我者惟春秋。』」蓋孔子布衣耳，以春秋褒貶之權，代天子而行其賞罰之事，言我亦行我之史權而已，彼知我罪我，皆非所計也。

春秋而後，能行史權者，其人不少概見，吾謂惟太史公足當之。何以明其然哉？本紀者，所以記天子也，而項羽、吕后則入之；世家者，所以記諸侯也，而孔子、陳涉則入之。無識者莫不疑其爲例之不純矣，不知彼以天下人民爲重，非第爲一姓記存亡也。至孔子，則以爲萬世師道之所在，又明其尊聖之心。史官與奪之權，操之在己，故若此也。且漢儀注有言：「太史公，武帝置，位在丞相上。天下計書，先上太史公，副上丞相，序事如古春秋。」是太史一職，其位高於丞相，武帝初置時，亦極崇奉史權矣。其後見遷所述本紀，直書其過，遂怒而削之。適有李陵之事，治之以蠶室之刑。詳直言篇。可知遷之得罪武帝，特惡其史權之重，而李陵事祗是借端耳。

夫直言不諱者，史官之權也。唐太宗嘗謂褚遂良曰：「卿知起居注，所書可得觀乎？」對曰：「史官書人君言動，備記善惡，庶幾人君不敢爲非，未聞自取而觀之也。」太宗曰：「朕有不善，卿亦記之耶？」又對曰：「臣職當載筆，不敢不記。」劉洎因而進曰：「借使遂良不記，天下亦皆記之矣。」太宗又謂監修國史房元齡曰：「朕之心異於前世帝王，所以欲觀國史，蓋欲知前日之惡，爲後來之戒。公可撰次以聞。」時朱子奢上言：「陛下獨覽起居，於事無失，若以此法傳示子孫，或有飾非護短，史官不免刑誅，則莫不順旨全身，千載何所信乎？」若然，則史官載筆，其權則於人主言動，雖至爲惡之事，有不能不記者。人君取而觀之，彼飾非護短者，必刑誅史官矣。故遷行史官之權，書武帝之失，未可議也。其託故於李陵，下之蠶室者，非武帝見其本紀，爲褫剥其史權所由然乎？自遷以降，班固之著漢書也，飾主闕而掩忠臣；陳壽之撰國志也，正魏統而閏蜀帝。不復能稍伸其權，而史亦不可問矣。

吾讀吕氏春秋，其先識篇曰：夏太史終古見桀惑亂，載其圖法出奔商。商内史向摯見紂迷亂，載其圖法出奔周。晉太史屠黍見晉之亂，亦以其圖法歸周。初不解爲史臣者，何以輕去故國，并得持圖法以往，律以事君之義，豈得謂忠？今乃知史官自有其權。國君而昏亂，必即於亡，圖法爲其權所掌，應從而保存之。所謂國可亡，史不可亡也。又讀戰國策矣。秦王酒酣，請趙王鼓瑟，秦御史前書曰：「某年月日，秦王令趙王鼓瑟。」藺相如奉盆缻秦王，秦王不懌，爲一擊缻，趙御史書曰：「某年月日，秦王爲趙王擊缻。」夫趙王鼓瑟，國勢衰弱，屈於秦王之威，無足異也。秦王之强，爲趙擊缻，而御史且詳志其年月。甚矣！史官之權，自古隆之，雖秦王亦未足與之抗也。特惜馬遷行其史權，竟以此而蒙禍。此後世史學之所由日衰也。良可歎哉！

知變

夫史官之所以可貴者，非以其博通古今，爲能知事勢之遷變乎！班孟堅之論道家也，曰：「道家者流，出於史官，歷數成敗存亡禍福古今之道。」則史官者，知萬事之成敗存亡禍福，而於古今沿革之道，無有不知者也。太史公自序：「究天人之際，通古今之變。」是其上始黄帝，下終孝武者，縱覽數千年中古今事變，蓋有真知而灼見者矣。十二諸侯年表云：「表見春秋、國語學者所譏盛衰大指著於篇，爲成學治古文者要删焉。」六國表云：「表六國時事，訖二世，凡二百七十年，著諸所聞興壞之端。後有君子，以覽觀焉。」然则遷之作史，亦惟於盛衰興壞以明古今之變而已矣。

夫知古而不知今者，謂之陸沈。故孔子曰「信而好古」，曰「好古，敏以求之」。未嘗不以信古爲要指。然中庸述孔子之言：「生乎今之世，反古之道，災及其身。」而其下復云：「吾學周禮，今用之，吾從周。」则生今之世者，不能不取今所用者而從之矣。遷於高祖功臣年表云：「觀所以得尊寵及所以廢辱，亦當世得失之林也，何必舊聞？於是謹其終始，表見其文，頗有所不盡本末，著其明。」此則以功臣之封，爲當世之得失，其間不無變端，因考其終始本末也。至於禮書云：「秦有天下，悉内六國禮儀，采擇其善，雖不合聖制，其尊君抑臣，朝廷濟濟，依古以來。至於高祖，光有四海，叔孫通頗有所增益減損，大抵皆襲秦故。自天子稱號下至佐僚及宫室官名，少所變改。」此言漢之禮制，蹈襲秦故者爲多，雖有改變，然亦有未及增損者也。若夫平準書之論貨幣，封禪書之論祭祀，以及儒林一傳，備載儒術之隆替，皆深焉知之。遷自謂通古今之變，不於此而大可信乎？

聞之善言天者，必有驗於人；善言古者，必有驗於今。是以人生今日能知古始者，用以爲考鏡之資也。乃後之嗜古者則異矣。其説經也，不知經爲萬世政教之原，明堂、深衣與夫車輪諸物，莫不稽其古制，方以爲實事求是之學也。斯已悖矣！及其治史，又詳於古而略於今，於是見商、周鼎彝，釋其文字，得一碑志，喜其古也，且謂可以徵史。而史之所以藉以爲今人鑒借之具者，則懵然而無知也。尤其甚者，高談皇古，欲求之地下，而期乎發掘之有所得，謂庶幾史材之憑證焉。嗚呼！史學豈若是哉！吾謂遷史而後，歷朝政蹟，各有其國史在。讀其書者，當究乎治亂之原，苟於典章制度，亦必研求其窮變通久之大。倘爲史官者，則宜上法遷史，而書其古今事勢之遷變。夫然後傳之方來，於國聞乃有裨益。使非然者，規規於紀傳之成法，善不足勸，而惡不足懲，古今因革之宜，無所聞知，人亦何賴有此史？善哉遷乎！周知古今之變，斯非爲作史之義法哉？

直言

夫直言無隱者，史官之責也。聞之孔子有言曰：「父爲子隱，子爲父隱，直在其中。」則爲臣子者，不幸而見君父之過，其道蓋有以隱爲直者。凡事然，作史亦何獨不然？故孔子之修春秋也，有爲親者諱，爲尊者諱，爲賢者諱之例。且人好直言，往往易於賈禍。是以春秋之中，於定、哀間則多微辭，所以避時難，亦爲周身之防也。然而一言之褒則榮於華衮，一言之貶則辱於斧鉞，直道而行，不稍存曲筆者。孟子曰：「孔子成春秋，而亂臣賊子懼。」懼之維何？懼其直言不阿也。

太史公書繼春秋而有作。吾觀建元以來侯者年表：「中國一統，明天子在上，兼文武，席卷四海，内輯億萬之衆，豈以晏然不爲邊境征伐哉！」儒林列傳：「制曰：『蓋聞導民以禮，風之以樂。婚姻者，居室之大倫也。今禮廢樂崩，朕甚愍焉。故詳延天下方正博聞之士，咸登諸朝。其令禮官勸學，講議洽聞興禮，以爲天下先。太常議，與博士弟子，崇鄉里之化，以廣賢材焉。』」其於武帝之文治武功，未嘗不直言以稱誦之，惟武帝惑於神仙，與民爭利，吏治則尚嚴刻，此其事誠有大可議者，故所撰平準、封禪二書及酷吏列傳，則又直言以彰其失，而不少寬假之。漢世儒者都善其不虚美，不隱惡，謂之爲實録。不虚不隱而足稱實録者，即是嘉其爲能直言也。漢舊儀注云：「司馬遷作景帝本紀，極言其短及武帝之過，帝怒而削去之。」而魏志王肅傳亦云：「漢武帝聞遷述史記，取孝景及己本紀覽之，於是大怒，削而投之。於今此兩紀有録無書。後遭李陵事，遂下蠶室。」以是言之，武帝大怒，特怒其直言耳。其後遷爲李陵游説，遂治以腐刑，武帝不過借此以洩其怒，而蠶室之罪，實因直言所致也。夫遷以直言而得罪，吾方歎後世信史之難見。豈知如王允者，竟名之曰謗書。論史者又以遷身既受冤，於是發憤而爲此史。是使遷以直言之故遭奇厄於生前，彼所願「死後是非乃定」者，而孰料被誣於千載，至於今而是非仍未定乎？自序云：「論次其文。七年，太史公遭李陵之禍。」夫史書之作，遠在七年以上，已論次之，必謂陷刑而用刺譏，若班固之説，詳辨謗篇。其與情事亦不合矣。

昔宣聖之贊董狐也，曰：「董狐，古之良史，書法無隱。」然則所貴乎良史者，豈不在直言乎？左傳魯襄公二十五年：「齊崔杼弑其君光……太史書曰：『崔杼弑其君。』崔子殺之。其弟嗣書，而死者二人。其弟又書，乃舍之。南史氏聞太史盡死，執簡而往。聞既書矣，乃還。」夫弑君，大逆也。齊之史臣不畏死而直言之，可謂善矣。然殺之者二人，爲史官者其危矣哉。嗚呼！遷以直言而爲武帝所忌，藉口於李陵之事，卒致親遇其害。宜乎？孟堅而下，良直之風不行，而史學亦於是乎衰矣！

彰賢

史遷之傳伯夷也，其説曰：「伯夷、叔齊雖賢，得夫子而名益彰。」蓋幸夫夷、齊之賢有孔子而爲之表彰也。其後復云：「巖穴之士，趨舍有時若此，類名堙滅而不稱，悲夫！閭巷之人，欲砥行立名者，非附青雲之士，惡能施於後世？」是又感歎乎砥行立名之士，往往無人焉從而表彰，遂致堙滅無稱耳。

由此以觀，遷於自來賢者，務欲表彰之，使若人得流聞於後世，其心大可見矣。史通乃議之曰：「子長著史，馳騖窮古今，上下數千載。至如皋陶、伊尹、傅説、仲山甫之流，并列經誥，名存子史，功烈犹顯，事迹居多。盍各采而編之，以爲列傳之始。」則直以皋陶諸賢，遷皆未能立傳爲可憾耳。嗚呼！如子元者，豈識表彰賢哲？遷之意，於斯爲獨殷哉！況皋陶而下，此數賢者，舜與三代本紀已盡載其言行乎！夫紀傳之史，雖遷所創，爲其人而見於紀者，原不必别撰專傳，始爲表彰也。索隱又嘗於管晏傳后補吴延陵、鄭子產、晉叔向、衛史魚等傳，此亦由遷之樂於表彰，未有以真窺其隱耳。若季札等之詳著世家，又何待有傳而彰哉？抑吾於許由、務光，見遷以其行義至高而致慨夫文辭之少見，知其於世之賢傑，每思作傳以表彰之，祇因一無依據，若由、光輩，卒不能自我而傳，斯莊子之所謂「無可如何」也。設非然者，豈肯任其磨沒乎？自序又云：「滅功臣世家賢大夫之業不述……罪莫大焉。」彼方以賢人事業無所記述謂之罪，則其志在表彰，良可知也。

惟其志在表彰，故於蘇秦云：「夫蘇秦起閭閻，連六國從親，此其智有過人者。吾故列其行事，次其時序，毋令獨蒙惡聲焉。」言秦之智略過人，乃爲世非笑，故爲表彰之，不使其受此惡名也。於魯連云：「魯連其指意雖不合大義，然余多其在布衣之位，蕩然肆志，不詘於諸侯，談說於當世，折卿相之權。」言連雖未合於義，獨能肆志不詘，余所以表彰之者，美其身爲布衣，以談說折當時卿相也。於田橫云：「田橫之高節，賓客慕義而從橫死，豈非至賢！余因而列焉。無不善畫者，莫能圖，何哉？」言田橫之賢，故慕義者多，余既已表彰之矣，有善畫者，爲圖其事，則人尤得知其賢也。於壺遂云：「壺遂官至詹事，天子方倚以爲漢相，會遂卒。不然，壺遂之内廉行修，斯鞠躬君子也。」言遂爲躬行君子，惜其早卒，不及爲漢相，負天子之倚任，然余固願表彰之，以遂之爲人實内廉而行修者也。史無壺遂傳，惜其早卒，不及爲漢相，稱爲「内廉行修，鞠躬君子」，則是表彰其爲人之賢也。凡此特揭其表彰之顯然者。若質言之，苟列入世家、列傳，何一非在表彰之列乎？

夫彰善癉惡，國家用舍之權，爲史官者，則以彰善爲貴。但史官秉筆，不可蹈於虚假。遷所謂「整齊其世傳」者，蓋必有世傳之可援，而後能力加表彰。故人但知昔賢之無傳者，爲遷所遺漏，庸詎知遷滿志躊躇，或聞其賢，而搜訪徒勞，故於列傳首篇，爲賢士之堙滅者歎息恨痛而不置。五帝紀贊曰：「心知其意」。雖然，讀其書者，誰足爲知意乎？吾又深爲史遷悲也。

從長

春秋之義，善善從長，則史家記事，其法固以從長爲宜矣。公羊僖公傳書齊桓公之滅項也，曰：「夏，滅項。孰滅之？齊滅之。曷爲不言齊滅之？爲桓公諱也。春秋爲賢者諱，此滅人之國，何賢爾？君子之惡惡也疾始，善善也樂終。桓公嘗有繼絕存亡之功，故君子爲之諱也。」则其所以爲桓公諱者，桓公之功，其大者爲繼絕存亡，今滅項之舉，直以其爲賢者而諱之，斯乃從長之義也。

雖然，於史書有證乎？吾請先證之漢書。漢書於劉歆傳言其通詩、書，善屬文，卒父向之前業，能集六藝群書，撰爲七略。又稱其治左氏學，引傳文以解經，轉相發明，而章句義理於是始備，因載移書太常，議以左傳諸經欲立之學官。至王莽篡位，爲其國師，本傳皆語焉不詳，凡其與博士諸儒論居攝之義及治明堂、宣教化、封爲列侯等事，并入之王莽傳。若是者何也？非即春秋從長之法乎？蓋班氏以歆之剖判藝文，總百家之緒，所著三統厤譜又能考步日月五星之度，其學術精深，實有才難之歎，并采取其書，以供我删要之資。所謂用其道者不棄其人，此傳之所爲省略也。證之漢書，既可悟從長之法矣。

請言太史公書：八愷、八元與帝鴻、少皞諸氏之四凶，一则曰「至於堯，堯未能舉」；一则曰「至於堯，堯未能去」。夫舉賢去不肖，此帝王用人之柄也。堯皆未能，不免有損聖德矣。使遷於堯本紀直敘之，不幾「知人則哲」，真有「爲帝其難」之憾乎！故敘之於舜紀者，適以見舜之善識人耳，而於堯紀者，亦春秋從長之旨。非然，以堯之大，善則不能舉，惡則不能去，設本紀而有其事，將何以爲堯乎？又伯夷、叔齊之諫周武王曰：「父死不葬，爰及干戈，可謂孝乎？以臣弑君，可謂仁乎？」此固詞至嚴而義至正者。今不於周本紀著其說，而著之夷齊傳中，蓋以明夷、齊誠不愧爲義士，而武王之伐紂，亦庶幾無傷於仁孝也。若夷、齊諫諍之辭，周本紀錄之，武王則蹈於無父無君之罪矣。故傳則取之，正以美夷、齊之行，而本紀削除之者，善爲武王地也，不又得春秋從長之意乎？夫遷史之中，類此者當復不乏，所以爲一隅之舉，讀其書者，庶幾可三隅反也。

或者曰：攻人之短而掩人之長，其失也刻。然舍短取長，亦覺過近於寬。爲史官者，其紀事也，當直言無隱，焉可第從其長者？曰：語有之，道豈一端，各有所受。春秋義法，道在從長，其亦作史之一端與？

太史公書義法卷上

善叙

説文云：「史，記事者也。」史之本訓既爲記事，則作史者自以叙事爲要矣。夫叙事之難，蓋叙其人必如其人，叙其事必如其事，故非深於文者，亦不足與之言史。

太史公固以善叙事理見重於當世者也。其叙事之法，前無所因，創爲紀傳。紀之叙事，五帝而外，咸用編年體。傳則首列姓名，次及邑里，先世有勳業德望者，即叙於其下，所習何學與稟有師承，則繼之而言，嗣後載其行事以至於没身。條理井然。乃知列傳之爲名，本取排列之義，故其叙事也，論列一生，自少至終，依次順叙。此其大較也。其間有爲别傳體者。管晏之略其功烈，祇蒐采佚事，不詳加鋪叙是也。又有於叙事之中施以議論者，若伯夷一傳，首言考信六藝，致惜於由、光高節，以文辭少見爲發端，篇終則有歎乎巖穴之士，往往堙滅無名，是寓乎悲感之情，非專叙其本事者矣。兩人而可得合傳者，則以事爲銓配，復有「後百余年」等語使之聯接。而老、莊、申、韓獨不爾者，觀其於莊子也则云「以明老子之術」，申子则云「本於黄老」，韓非又云「喜刑名法術之學，而歸本於黄老」，可悟此傳叙事直以老子爲之關鍵也。且叙老子於先，以老子者起，而贊末作結则又曰「老子深遠矣」，故雖莊、韓三子與老子并叙，未嘗不各自爲編，而通體仍復融洽，非史公之善叙事，豈能然乎？或曰：史記曹參世家，叙功處絶似有司所造册籍，自後樊噲、酈商、夏侯嬰、灌嬰、傅寬、靳歙、周緤等傳，紀功俱用此法，另成一格。詳廿二史劄記，已全載整世篇，今删節。下張蒼云云，亦見劄記。又張蒼、任敖、周昌合爲一傳，竇嬰、灌夫、田蚡亦合爲一傳，似斷不斷，似連不連，此又是一體也。其説固極言遷之善叙事，變化不可方物，足見史文之體，無不備矣。

雖然，不僅止此也。叙事以用簡爲美，本紀、世家時有「語見某篇」者，即其用簡之道也。使已叙其事於本紀，而世家再叙之，或事在世家而復叙之於列傳，如此重複記録，不太煩乎？淮陰侯傳：高祖亡蕭何，「如失左右手」。而項羽本紀：漢兵敗績，「睢水爲之不流」。一则不言倚任，而倚任可知；一則不言敗形，而敗形可知。史通浦注説。蓋又叙事之善於摹寫者也。秦本紀：「初，繆公亡善馬，岐下野人共得而食之者三百余人，吏逐得，欲法之。繆公曰：『君子不以畜産害人。吾聞食善馬肉不飲酒，傷人。』乃皆賜酒而赦之。三百人者聞秦擊晉，皆求從，從而見繆公窘，亦皆推鋒爭死，以報食馬之德。於是繆公虜晉君以歸。」是叙繆公之得虜晉君，獲食馬者之報。推原其始，繆公嘗有亡馬事，乃叙事之由後溯前法也。殷本紀：「子辛立，是爲帝辛，天下謂之紂。帝紂資辯捷疾，聞見甚敏；材力過人，手格猛獸；知足以距諫，言足以飾非；矜人臣以能，高天下以聲，以爲皆出己之下。」其下則爲「好酒淫樂，嬖於婦人。愛妲己，妲己之言是從」云云。直至兵敗牧野，赴火而死。論其失則在距諫飾非，而實事則以叙之於後，乃叙事之先虛后實法也。

遷之善叙，亦既歷舉之矣。其法盡於此乎？吾未敢謂然也。班固公孫宏傳贊稱：「文章司馬遷」，然則遷爲史家初祖，其善於叙述事者，亦由文章特工耳。唯是爲史官者，誠不可不工文，而尤貴有學。何也？天下之事無窮，人之學術亦不一其端。設其人而學自專精，將叙次而爲傳，我苟無知，必不能曲達而狀其造詣之淺深，倘浮文妨要，豈不轉使貶損乎？遷謂老子言道家之意，老萊言道家之用，叙其著書，但取「意」「用」二字，撮其指歸，知遷於道家之學爲綦精矣。至其叙日者也，通陰陽盈虛之理；叙貨殖也，陳物産謠俗之異；天官則叙星象；河渠則叙水利。惟其問學博贍，所以能叙述事物練析若此。隋志曰：「史官者……前言往行，無不識也；天文地理，無不察也；人事之紀，無不達也。」作史其易乎哉！有文而無學，後世修史之士，無怪第求之辭翰，不復有别識心裁，欲望如遷之善叙事，且不可得。夫叙事固其至難者也。

搜佚

史列傳之體，於叙事中有加以議論者，如伯夷列傳、屈原列傳是，亦有祇記一二佚事，而其生平大事，不甚詳載者，則如管晏列傳是。傳贊曰：「既見其著書，欲觀其行事，故次其傳。至其書，世多有之，是以不論，論其軼事。」蓋言管、晏之行事，自有其書在，今則但搜采佚事，以爲之傳耳。

所謂「佚事」者何也？管子傳述其言曰：「吾始困時，嘗與鮑叔賈，分財利多自與，鮑叔不以我爲貪，知我貧也。吾嘗爲鮑叔謀事而更窮困，鮑叔不以我爲愚，知時有利不利也。吾嘗三仕三見逐於君，鮑叔不以我爲不肖，知我不遭時也。吾嘗三戰三走，鮑叔不以我爲怯，知我有老母也。公子糾敗，召忽死之，吾幽囚受辱，鮑叔不以我爲無恥，知我不羞小節而恥功名不顯於天下也。生我者父母，知我者鮑子也。」晏子傳則贖越石父於縲紲與薦御者爲大夫耳。雖然，何以知其所搜爲佚事乎？佚事者，管、晏所著之書，如自言始困及贖越石父，皆未列其事。史公一取之列子，一取之吕氏春秋，以成此傳者也。夫管、晏二子，并爲齊之賢相，正可放筆爲之鋪張盡致，乃僅搜輯其佚事，而出之以簡略，此可知作傳之法。後人有行别傳之體者，其亦本之於此乎？特是管、晏佚事，幸列子兩書犹未散失可考，而知史公所見篇籍，漢以後不存者至多。

今全書之中，凡其搜羅佚事，而爲人無足徵信者，必復不少。乃後人見其與經傳異者，則辨詰之，至其所載佚事，往往疑焉。如魯世家云：「初，成王少時，病，周公乃自揃其蚤沈之河，以祝於神曰：『王少未有識，奸神命者乃旦也。』亦藏其策於府。成王病有瘳。及成王用事，人或譖周公，周公奔楚。成王發府，見周公禱書，乃泣，反周公。」觀其言，亦藏其策於府，明明與藏策金縢各爲一事，此必周公之佚事，遷搜訪得之。説者曰：考之於書，啟金縢之書在周公未薨前，而無揃蚤事，此蓋一事傳之者不同。見困學紀聞。不知揃蚤爲周公佚事，子長必有所據，但以尚書爲説，何所見之不廣乎？況蒙恬亦嘗言之。蒙恬本傳曰：「周成王初立，未離襁緥，周公旦負王以朝，卒定天下。及成王有病甚殆，公旦自揃其爪以沈於河，曰：『王未有識，是旦執事。有罪殃，旦受其不祥。』乃書而藏之記府，可謂信矣。」則揃蚤者，「蚤」、「爪」通。周公確有此事，非傳説之不同也。蓋在秦人犹知此佚事矣。

且遷之搜求佚事衆矣。五帝本紀贊云：「書闕有間矣，其佚時時見於他説。」今舜本紀之舉八元、八愷，去帝鴻諸氏之四凶，此佚事之録自左傳而書所闕遺者也。又伯夷列傳「睹軼詩可異焉」，則「登彼西山」之歌，蓋亦出於搜集，不然後世且無聞矣。是可知子長作史，其勤勤於搜佚者如此。

崇學

儒家之道，其教人也，以學爲務。故論語首章則曰：「學而時習」。厥後荀子則爲勸學，法言則爲學行，潛夫論則爲讚學。儒家之所重在學，蓋可知矣。馬遷，尊儒者也。開宗明義有曰：「好學深思」。是其崇尚學術，已可考見。凡其作世家、列傳也，於人之有學及所從學之人，無不詳哉言之。是故張良則謂「嘗學禮淮陽」；陳平則謂「好黄帝、老子之術」；莊子則謂「其學無所不闚」；申不害則謂「申子之學本於黄老而主刑名」；韓非則謂「喜刑名法術之學，而其歸本於黄老」；孫臏則謂「嘗與龐涓俱學兵法」；吴起則謂「好用兵，嘗學於曾子」；商君則謂「少好刑名之學」；甘茂則謂「事下蔡史舉先生，學百家之説」；賈生則謂「頗通諸子百家之書」；李斯則謂「從荀卿學帝王之術」，又云「知六藝之歸」；陳余則謂「好儒術」；張蒼則謂「明習天下圖書計籍，又善用算律厤」；叔孫通則謂「秦時以文學徵」；鼂錯則謂「學申、商刑名於軹張恢先所，與洛陽宋孟及劉禮同師。以文學爲太常掌故」；田叔則謂「學黄老術於樂巨公所」；倉公則謂「少而喜醫方術」；韓安國則謂「嘗受韓子、雜家説於騶田生所」；公孫宏則謂「學春秋雜説」；主父偃則謂「學長短縱横之術，晚乃學易、春秋、百家言」；汲黯則謂「學黄老之言」。雖其中或爲黄老，或爲刑名，或爲縱横，學不一出於儒，然遷叙其人名姓之後，所治何學，必先志之。蓋以古人學業，往往出而用世，皆本其平日所得，爲之設施，非若後世習非所用，用非所習也。故學術之於人，最有關係，此子長之所以致其敦崇乎？

夫學亦期其能行耳。吾觀倉公傳中備載其診治之所驗，蓋倉公得脈書，而於醫學最深，故附録於傳後也。斯可見史公之於學，貴在實行矣。不特此也。儒學自孔子後，經戰國兵爭之禍，在漢初并不隆盛，至武帝時乃顯。遷遂作儒林專傳，而於經學授受源流，考之甚悉。則其所崇者，尤在儒家之學，益昭然如揭矣。

且史所載入世家、列傳者，以班志論之，俱有專家之學。儒家如晏子、孟子、荀卿、虞卿、魯仲連、賈誼、陸賈、劉敬、公孫宏，道家如管子、老子、莊子、田駢、老萊子，陰陽家如鄒衍、鄒奭、張蒼，法家如李悝、商鞅、申不害、劇子、慎到、韓非、晁錯，名家如惠施、公孫龍，墨家如墨翟，從横家如蘇秦、張儀、蒯通、鄒陽、主父偃、徐樂、莊安，雜家如伍子胥、吕不韋、淮南王，詩賦家如屈原、司馬相如、朱建，兵家如孫武、孫臏、吴起、范蠡、韓信、魏信陵君、項籍、李廣，醫家如扁鵲。凡遷所書之人，於學術皆自成一家，則其書實可作學案讀也。至其述父談之學，則云：「學天官於唐都，受易於楊何，習道論於黄子。」所論六家要旨，凡陰陽、儒、墨、名、法、道德，能掎摭其得失，識其皆務爲治。談之精博，豈易幾哉！

即其自溯生平，謂「年十歲誦古文，二十而南游江、淮，上會稽，探禹穴，闚九疑，浮於沅、湘，北涉汶、泗，講業齊、魯之都，觀孔子之遺風，鄉射鄒、嶧。」蓋遷當少時，游學四方，未及爲史學也。迨其父將卒，執手欷歔，諄諄焉以史文相勖，嗣後繼爲太史，於是紬石室金匱之書，而其學自此壹志於史矣。或曰：漢舊儀：「司馬遷父談，世爲太史，遷年十三，使乘傳行天下，求古諸侯之史記。」誠若此，則遷在童穉，未爲史官，已從事於史，況又得父之傳乎？是故隋唐以前，作史無監修之官。若班固、李延壽，史多家學相承，而遷則其最先者也。遷惟克紹家學，故以學術爲可貴。後世史職，僉以文人當之，彼既無學識之可言，恐不能推崇若此矣。

溯先

譜系之學，出於春秋。太史公固紹春秋之學者也。既倣周譜而爲三代世表，復於紀、傳、世家，必叙其先世。是以秦本紀云：「秦之先，帝顓頊之苗裔。」齊太公世家云：「太公望吕尚者，東海上人。其先祖嘗爲四嶽，佐禹平水土甚有功。」楚世家云：「楚之先祖出自帝顓頊。」越王勾踐世家云：「越王句踐，其先禹之苗裔，而夏后帝少康之庶子也。」趙世家云：「趙氏之先，與秦共祖。」魏世家云：「魏之先，畢公高之後也。」韓世家云：「韓之先與周同姓，姓姬氏。」孔子世家云：「孔子生魯昌平鄉陬邑。其先宋人也，曰孔防叔。」留侯世家云：「留侯張良者，其先韓人也。大父開地，相韓昭侯、宣惠王、襄哀王。」樂毅列傳云：「樂毅者，其先祖曰樂羊。」蒙恬列傳云：「蒙恬者，其先齊人也。恬大父蒙驁，自齊事秦昭王。」田叔列傳云：「田叔者，趙陘城人也。其先齊田氏苗裔也。」李將軍列傳云：「李將軍廣者，隴西成紀人也。其先曰李信，秦時爲將。」匈奴列傳云：「匈奴，其先祖夏后氏之苗裔也。」東越列傳云：「閩越王無諸及越東海王摇者，其先皆越王句踐之後也。」汲鄭列傳云：「汲黯字長孺，濮陽人也。其先有寵於古之衞君。至黯七世。」又「鄭當時者，字莊，陳人也。其先鄭君嘗爲項籍將。」以上所舉，皆是明稱其先者。此外言某族某孫，則更僕數難矣。十二諸侯年表：「太史公讀春秋厤譜諜。」其爲春秋之學，豈不可見？且五帝本紀則據帝繫姓，而班固又言其采世本，遷之能詳於先世宜矣。

抑惟詳述先世，故於姓氏則書之獨詳。如夏本紀云：「禹爲姒姓，其後分封，用國爲姓，故有夏后氏、有扈氏、有男氏、斟尋氏、彤城氏、褒氏、費氏、杞氏、繒氏、辛氏、冥氏、斟戈氏。」殷本紀云：「契爲子姓，其後分封，以國爲姓，有殷氏、來氏、宋氏、空桐氏、稚氏、北殷氏、目夷氏。」秦本紀云：「秦之先爲嬴姓。其後分封，以國爲姓，有徐氏、郯氏、莒氏、終黎氏、運奄氏、菟裘氏、將梁氏、黄氏、江氏、脩魚氏、白冥氏、蜚廉氏、秦氏。」蓋以人知受姓之初，而後世系可得而考也。由此類推，湯之先世爲契，故殷本紀自契始；武之先世爲稷，故周本紀自稷始。秦之别爲本紀者，無他故也，亦述其先世耳。況又顯言之曰「秦之先」乎？

觀其序傳，首溯顓頊，所以見司馬氏自先世即爲史官。然則遷之得爲良史，蓋亦有由來也。或曰：史亦斷自唐虞，取法尚書，故自序謂「卒述陶唐以來」，乃其確證也。今溯黄帝爲首者，所以述堯、舜之先世耳。此可謂善讀史書矣。史通有云：凡爲國史者，宜立氏族志。其説誠是。然子元僅知補班氏之缺，而不知遷於紀傳中，早已言之。嗚呼！作史義法，遷其備矣哉。

綜觀

昔人之論荀子者，謂其一言性惡，即不足觀，幾若全書之中有此性惡之説，其余即有可取，皆在所廢矣。吾讀其書，見勸學篇始乎誦經，終於讀禮，既知禮者爲其一書之指意，再將性惡、禮論兩篇交錯而觀，竊歎荀子之言性惡，乃原禮教之起，爲人性惡而立，其意蓋謂人性苟善，先王亦何取乎禮，使事爲之制，曲爲之防？惟其爲惡，故定禮以範圍之，人庶積漸而化。乃恍然於古人著述，必綜合其書而觀之。若不綜合其書彼此之自相貫攝，或其前后有互爲詳略者，拘牽辭義，僅能於章句之間爲之釋解，恐訓詁即使明通，何由鉤其元而提其要乎？故吾之治諸子也，每綜其書而統觀之。

及讀太史公書，則亦若是而已矣。史夏本紀：「子帝少康立。帝少康崩。」初疑少康中興，夏之大事也。左傳：后緡歸於有仍，生少康。有夏之臣靡自有鬲收二國之燼，以滅浞而立少康。凡魏莊子所言有夏之衰以迄有窮之亡，可於斯焉叙述之，今祇書其立與崩，索隱謂之疏略，誠哉其疏略也。豈知吴世家有之。世家述伍子胥之言曰：「昔有過氏殺斟灌以伐斟尋，滅夏后帝相。帝相之妃后緡方娠，逃於有仍而生少康。少康爲有仍牧正。有過又欲殺少康，少康奔有虞。有虞思夏德，於是妻之以二女而邑之於綸，有田一成，有衆一旅。後遂收夏衆，撫其官職。使人誘之，遂滅有過氏，復禹之績，祀夏配天，不失舊物。」則少康紀固失之疏略，而其中興之業，可觀世家而得之矣。夫欲考夏之中興，而須觀太伯世家，則讀史真不易哉！

然遷書雖各自爲篇，略於此者詳於彼，本宜會綜而觀，方於事理無遺也。如但觀本紀，則不然矣。尚書洪範，爲箕子之對周武王極論天人之道。箕子既無專篇，則應見之於周本紀。今紀但云：「武王已克殷，二年，問箕子殷所以亡。箕子不忍言殷惡，以存亡國宜告。武王亦醜，故問以天道。」遷於尚書篇名，每條舉之，而洪範則不列其目，似此篇史所不采矣。乃録之宋微子世家，其下則謂「武王於是封箕子於朝鮮而不臣也」，是武王深善其對，遂有朝鮮之封。本紀不書，有微子世家在，足以觀覽矣。

又秦楚之際月表曰：「初作難，發於陳涉；虐戾滅秦，自項氏；撥亂誅暴，平定海内，卒踐帝祚，成於漢家。五年之間，號令三嬗。自生民以來，未始有受命若斯之亟也。」可知秦、漢之際，其始受命而號令天下者，厥惟陳涉。漢高之踐帝阼，實由陳、項嬗遞而得。史故於項羽竟作本紀，陳涉則爲世家，誠以是兩人者，彼時亦皆受命之主也。明有吴某者，意在糾史之非，改此表爲楚漢年表，以漢之帝統上接楚義帝，而項羽則稱爲僭盜。其詞甚辨。余觀史表中獨書義帝爲「元年」，春秋之例，變「一」爲「元」，有王者正始之意。則遷早以義帝爲正矣。彼但知序意如此，而未將其表文諦觀耳。

又有本紀、世家不載，而於年表見之者。吾試以秦事言之。六國表：秦厲公五年，「楚人來賂」；六年，「義渠來賂。緜諸乞來援。」；七年，「彗星見」；十年，「庶長將兵拔魏城，彗星見」；十四年，「晉人、楚人來賂」；十六年，「補龐戲城」；二十年，「公將師與綿諸戰」；二十六年，「左庶長城南鄭」；二十八年，「越人來迎女」；二十九年，「晉大夫知伯寬率其邑人來奔」。躁公八年，「六月，雨雪。日、月蝕」。懷公元年，「生靈公」。靈公元年，「生獻公」；三年，「作上、下畤」；八年，「城塹河瀕，初以君主妻河」；十年，「補龐城」。簡公二年，「與晉戰，敗鄭下」；五年，「日蝕」；十四年，「伐魏，至陽狐」。惠公三年，「日蝕」；五年，「伐諸緜」；九年，「伐韓宜陽，取六邑」；十年，「與晉戰武城，縣陝」。獻公三年，「日蝕，晝晦」；六年，「初縣蒲、藍田、善明氏」；十年，「日蝕」；十一年，「縣櫟陽」；十六年，「民大疫，日蝕」；十九年，「敗韓、魏洛陽」。孝公元年，「彗星見西方」；十一年，「城商塞，衛鞅圍固陽，降之」；十三年，「初爲縣，有秩史」；十九年，「城武城，從東方壯邱來歸」；二十年〔二〕，「馬生人」；二十四年，「秦大荔圍合陽」。惠文王二年，「宋太邱社亡」；三年，「拔韓宜陽」；四年，「魏夫人來」；七年，「義渠内亂，庶長操將兵定之」；十二年，「會龍門」。昭王十七年，「魏入河東四百里」；二十七年，「地動，壞城」；五十二年，「王稽棄市」。十一年〔三〕，「吕不韋之河南」；十二年，「發四郡兵助魏擊楚」。此皆秦事之祇録於年表者，苟證秦事不得以本紀不言而議之。條此數事，全史固不僅此。然讀古人書，當綜觀其本末，乃有得也。況史固自明其成一家言乎？

雖然，亦有須分別觀之者。凡本紀也，世家也，年表也，遷蓋各有所據，故其説時有異同。使不知分別，於事之兩岐者，與之論列是非，將有不可通者矣。前賢有云：「讀書如無詩，讀詩如無春秋」，即言書之貴有分別也。吾故願世之學者，於綜觀之中，又知分別而觀之法，則庶爲善讀史矣。

〔二〕「二十年」，史記各本作「二十一年」。
〔三〕依文例，此當作「秦始皇十一年」。

辨謗

漢王允有云：「昔武帝不殺司馬遷，使作謗書，流於後世。」自此說出，遷史遂受謗書之誚矣，豈不冤哉！夫人之言議，往往得此者則失彼。在允之目遷史爲謗書，衹以蔡邕黨附董卓，不知其爲國之賊臣，徒懷私遇，反相痛傷，邕苟使之繼成漢史，必不能得春秋誅亂賊之意，允故借遷以甚其辭，遂有此謗書之稱。豈知遷書遂蒙不白乎？夫遷，不虛美，不隱惡，其書謂之實録可也。曷嘗有詘謗朝政之事哉？

或曰：遷嘗言：「詩三百篇，大抵聖賢發憤之所爲作。」「發憤」云者，其心必以横罹刑禍，不勝怨憤，故所作史每有憤恨語，此謗書之説所由來也。辨之曰：不然。論語：「子曰：『發憤忘食。』」解者云：「發憤嗜學。」則「發憤」者，豈必謂憤恨哉？自人不達「發憤」之義，以爲百三十篇，無非有激而然，出此不平之鳴耳。於是如葛洪輩，見伯夷居列傳之首，則謂善而無報；項羽之入本紀，又謂居高位者非關有德，疑遷命意在此，非真郢書而燕説乎？夫傳之冠以伯夷，篇中明稱「其傳曰」，則以前賢舊傳，唯是爲先，詎在爲善不報，託以自悼與？本紀之有項羽，當秦、漢之際，政權所歸，天下王侯，均受其封，亦幾踐天子之位矣。遷方惜羽之力征經營，卒致敗亡，必不以居高位者無待於有德也。是故拘乎「發憤」之説，斯已誤矣。王氏之黜爲謗書，遂若遷書舒其悲憤，敢於譏謗君上者。夫豈然哉？然而章懷之注後漢也，蔽所見聞，且爲證成其説矣。注曰：「凡史官記事，善惡必書。遷所著史記，但是漢家不善之事，皆爲謗也。非獨指武帝之身，即高祖善家令之言，武帝算緡、榷酤之類是也。」又引班固集云：「司馬遷著書，成一家之言。至以身陷刑，故微文刺譏，貶損當世，非誼士也。」其望文生訓，既不識允之詆遷名爲謗書者，直是有爲之言，而於遷之所記善惡並書者，皆謂其不善之事，并據班氏以實之。如是遷之信史反若謗書，爲其定評矣。嗚呼慎哉！

夫書法無隱，史官職所當爲，國事之不善者，史筆何能爲之曲諱？高祖之善家令，武帝之算緡、榷酤，此固漢家不善之事，遷爲太史，其記之也亦宜，安得斥爲毀謗乎？況遷於高祖紀贊云：「周秦之間，可謂文敝矣。秦政不改，反酷刑法，豈不繆乎？故漢興，承敝易變，使人不倦，得天統矣。」秦楚之際月表云：「卒踐帝祚，成於漢家。」又曰：「王跡之興，起於閭巷，合從討伐，軼於三代，鄉秦之禁，適足以資賢者爲驅除難耳。故憤發其爲天下雄，安在無土不王。此乃傳之所謂大聖乎？」是其美高祖也，謂得乎天統，又以「大聖」推之。若果謗書，有如此哉？武帝本紀今所存者，非遷原本，算緡、榷酤，實爲彼時弊政，不可以不書。然曷亦一讀儒林傳乎？傳云：「及今上即位，趙綰、王臧之屬明儒學，而上亦鄉之，於是招方正賢良文學之士。自是之後，言詩於魯則申培公，於齊則轅固生，於燕則韓太傅。言尚書自濟南伏生。言禮自魯高堂生。言易自菑川田生。言春秋於齊魯自胡毋生，於趙自董仲舒。及竇太后崩，武安侯田蚡爲丞相，絀黄老、刑名百家之言，延文學儒者數百人，而公孫宏以春秋白衣爲天子三公，封以平津侯。天下之學士靡然鄉風矣。」復詳載宏請置博士弟子奏。則此傳力表武帝之尊儒，語多頌揚，犹得以謗書詆排之耶？

夫史遷於尊儒則褒讚之，封禪、平準等書，匈奴、大宛等傳，按實而書，極是善惡兼著者，誠無愧乎良史。章懷之作注，何好爲妄言若此哉！至於班固，竟牽率於遷之以身陷刑，因而貶損當世，則尤失之。何則？遷之作史，不盡在被刑以後，故曰：「論次其文。七年而太史公遭李陵之禍。」當七年以前，業已從事於史，其時未蹈刑綱，何所用其貶損乎？況遷嘗謂：「悉論先人所次舊聞」，則所爲史書，必有其父所著者。史談未陷於刑，更無事譏刺當世也。故孟堅之説，未得事實，而注復取之，豈非沿訛而襲謬哉！自序謂：「臣下百官力誦聖德，猶不能宣盡其意。且士賢能而不用，有國者之恥；主上明聖而德不布聞，有司之過也。且余嘗掌其官，廢明聖盛德不載，滅功臣世家賢大夫之業不述，墮先人所言，罪莫大焉。」可知遷惟以誦德爲務，誹謗則非其所願矣。若報任少卿書有云：「所以隱忍苟活，幽於糞土之中而不辭者，恨私心有所不盡，鄙陋没世而文采不表於後世。」蓋其志，懼没世之無聞，期以著述流傳，受幽囚之辱而尚復苟活則有之，所謂「惜其不成，是以受極刑而無愠色」者，此也。如既「思垂空文以自見」。俾讀其書者，徒見其爲謗讟之言，吾恐古今傳世之作如此類者無多，遷必不樂爲之也。

雖然，謗書者，遷所不爲明矣。人以是而訶責之，固覺其非。倘誤以微文爲史家之能事，而引遷爲口實，則是悖理蔑義者，轉得諉過於遷，謂其撰史之法，所重在兹，史學何自而明乎？此吾所亟爲辨正者也。

太史公書義法卷上終

太史公書義法卷下

元和孫德謙隘堪撰

通古

史之爲體，其要有二：一爲紀傳，一爲編年是也。紀傳之中，其體亦分爲二：自班固以降，均取斷代，故昔之論史者，漢書則别爲一家，以其紀傳而爲斷代之體也；若通古之史，则當推太史公書矣。

史公馳騖數千年，託始黄帝，訖於漢武，囊括古今，事核而文簡，豈不善哉！然後世史家，多效法班氏者，何也？將斷代爲編，所記惟一朝之故事，其書易就乎？抑往古事蹟，已備載於史公，譙周、蘇轍作爲古史，不免狂謬，無遷之學識者，不足當纂修之任乎？雖然，嘗考之矣。其通古爲史者，蓋有支與流裔也。梁武帝勑吴均諸臣，上自太初，下終齊室，撰通史六百二十卷。其書自秦以上，皆以遷史爲本，而别采他説，以廣異聞；兩漢以還，全録當時紀傳；至吴、蜀二主，则入之世家；五胡及拓跋氏，则列之夷狄傳。所異者，唯無表而已。北魏常山王遵曾孫暉雅好文學，招集儒士崔鴻等，撰録百家要事，名爲科録，共二百七十卷，亦起上古以終於晉，凡十四代，其所編次，依仿通史，取其行事尤相類者，合爲十科，故以科録爲號。見史通。原本於科録稱「元魏濟陰王暉業」，今從浦注正。此兩書者，俱是通古之史奉遷爲義法者也。其後则爲宋鄭樵之通志。通志有紀有傳，確係龍門嫡派。世以杜佑通典、馬貴與文獻通考目爲「三通」，殆不然也。杜、馬二氏，乃專門掌固之書，鄭樵则通古紀傳史也，其體不同。世有深於目録者，倘其志藝文也，應表而出之，附遷書以行，则體要得矣。

夫通古之與斷代，爲體既殊，则孟堅之書，既從斷代矣，凡作地理志、百官公卿表，则以西漢爲限可也，乃溯及沿革，必上述周、秦，又何説也？不知春秋書「王正月」者，固爲尊王之義，斷代史體於本紀行之，所以法春秋之尊王耳。其他朝章國典，苟欲考其源流得失，不能不居今而稽古，则仍循通古之例也。是以漢表则有古今人表，而貨殖一傳即采史公之文，且亦以范蠡爲首。若是，则通古、斷代，衹本紀見其區别，而史、漢二家，必作鴻溝之畫，亦過爲分析矣。

夫六經皆史也。由吾言之，詩始文王，爲西周之史；春秋始平王，爲東周之史。其通古者，非尚書乎？尚書獨載堯以來，殆史公之所師矣。雖史首黄帝，有異於書，而爲通古则同。

説者曰：昔人所以甄綜古今，通爲一書者，爲其時未有彙刊群史定本故耳。識者鑒此，乃有十七史之刻，嗣是而爲廿一、爲廿二，循代接編，各還原衷，既無纂合之勞，亦免離散之患。斯言也，其意似歸美斷代，若謂通古之史，後賢可以不作者。抑知年運而往，經時久遠，乙部之書，充箱照軫，學者或不能遍觀，则其道必窮，非有整齊厥協如史公之著爲通古者，無以濟其變而應其求。然则通古之史，其可廢哉！

創體

史自黄帝設官，至周時而大備。周禮：太史掌國之六典，小史掌邦國之志，内史掌書王命，外史掌書使乎四方，左史则記言，右史则記事。夫太史以下，既所掌者不離乎記志之職，则當日必有其書矣。禮曲禮篇曰：「史載筆」，而解者謂：「大事書之於策，小事簡牘而已。」足知史官之所書，其於大事小事，并有此簡策之分也。又周制，列國各有其史。孟子所稱晉之乘、楚之檮杌、魯之春秋，孔子则得百二十國寶書，墨子亦見百國春秋，如齊春秋、燕春秋之類，書亦多矣。然按之班志，均不著録。後人徒聞其名，至其體例，则更未有言也。今可考見者，则有國語、國策，其爲體也，乃係國别之史。故紀傳之爲史，惟馬遷始創此體耳。

其體若何？曰本紀、曰表、曰書、曰世家、曰列傳。何以謂之本紀？紀者，記也，本其事而記之，故曰「本紀」。又紀，理也，絲縷有紀，而帝王書稱紀者，言爲後代綱紀也。或曰：天子稱本紀，本者，繫其本系，故曰本紀者，理也，統理衆事，繫之年月，名之曰「紀」。表者，録其事而見之，禮有表記，鄭注云：「表，明也」，謂事微而不著，須表明也，故言表。書者，五經六籍總名也，此之八書，紀國家大體，班氏謂之「志」，志亦記也。世家者，記諸侯本系也，言其下及子孫常有國，故孟子曰：「陳仲子，齊之世家」，又董仲舒曰：「王者封諸侯，非官之也，得以代代爲家者也」。列傳者，謂叙列人臣事跡，令可傳於後世，故曰列傳。以上見索隱、正義。約而言之，劉彦和所云「本紀以述皇王，列傳以總侯伯，八書以鋪政體，十表以譜年爵」，此其大略也。

雖然，遷之創爲紀傳體亦有所取法乎？考之遷書，有尚書集世紀，大宛傳贊引有禹本紀，其本紀之體所由來與？文心雕龍史傳篇：「及太史談，世惟執簡，子長繼志，甄序帝勣。比堯稱典，則位雜中賢；法孔題經，則又非元聖。故取式吕覽，通號曰紀。」以此論之，則史之本紀，用吕覽之十二月紀矣。衛世家贊稱：「余讀世家言。」則世家之目，蓋前有其體者也。表之爲體，桓譚有言：「太史公三代世表，旁行斜上，并效周譜。」是表依周譜而作。禮家所記，有表記一篇，殆又其命名之所本乎？書有尚書，劉知幾書志篇：「刑法、禮樂、風土、山川，求諸文籍，出於三禮。及班、馬著史，别裁書志。考其所記，多放禮經。」则書志之體，實出於禮。而鄭樵则又謂原於爾雅矣。傳者，左氏、公、穀有春秋傳，斯固解經之體也。然孟子云：「湯放桀，武王伐紂」，「於傳有之」。则古有其書，或亦叙事之體也。此史列傳之體所宗與？伯夷傳特標「其傳曰」，吾謂史公必見夷、齊舊傳，倣而爲傳體也。但遷之史體，雖未嘗無所取法，合紀傳諸體而自成其一家言，则爲彼所創立矣。

惟其創爲紀傳體，荀悦漢記體用編年而外，班固以降，所謂正史者，皆其體也。顧漢書易爲斷代，「書」则名之曰「志」，又去其世家一體，而後史從之者多。且其異於史者，史無惠帝紀，而漢書则吕后、惠帝分爲兩紀，項羽與世家之陳涉，漢则并入列傳。蓋以高祖起元，寓尊王之義，勢自不得不然也。世家既無其體，故外戚亦次之傳中耳。志则禮、樂二書并爲禮樂志，天官则爲天文，封禪则爲郊祀，河渠则爲溝洫，平準则爲食貨。然語其大體，無能越乎遷史者也。即漢志中加刑法、五行、地理、藝文，後漢書列傳加文苑、獨行、逸民、黨錮諸目，有出於史體外者，亦不過因時而施，或觸類而長，由遷以推廣之耳。孟子有言：「君子創業垂統，爲可繼也。」故紀傳之創體，以歷代國史觀之，雖名稱有改更，門類有增益，皆是繼遷而起者也。天下事繼成則易，創始爲難。遷於史能獨創其體，不可謂非史家之鼻祖矣！

今夫遷史之爲人訾議者，莫如本紀之秦與項羽、吕后，世家之孔子、陳涉、外戚以及列傳之龜策，往往有謂其體例不純者矣。不知秦本紀則述先世；項羽則以王侯受封，爲一時政權之所歸；吕后之可次本紀，以當時天下無事，雖女主臨朝，亦自晏然相安，史公意在重民，可見其作爲通史，不僅爲一姓興衰計也。孔子之立世家，乃子長尊聖之心；陳涉者，秦楚之際月表「好令三嬗」，首數陳涉，且知其爲至今血食，故得編之於世家；外戚本非記后妃，實緣后妃之家，父子兄弟分封而世代相襲，遂厠之世家之中。龜策之撰列傳也，必亦傳龜卜之人與日者同。所辨秦本紀諸説，詳釋意各篇中，故今略言之。故由余言之，凡秦本紀等遷所以撰著之意，俱有其説，無可駁詰者也。夫史書體大思精，即有舛誤，亦當服其爲史學興開創之功，況其未有者乎？嗚呼！如遷之創造史體，自人不善讀之，而妄相抨擊者衆矣。可慨也夫！

標題

古之作者，於其書之標題，往往隨舉爲名，并無義例。故道家之鶡冠子，因其人入居深山，以鶡爲冠，遂取「鶡冠」題之；縱橫家之鬼谷子，因其隱居之地是爲鬼谷，遂取「鬼谷」題之。此豈有用意乎？即書中篇目，亦僅用篇首一二字爲之標題，如論語之學而、述而、雍也、子罕。如此立題，苟求其説，將有不可解者，然古人不以爲嫌也。

太史公書其標題也，有約紀以數者，本紀之五帝，年表之三代、六國與十二諸侯，世家之五宗、三王是也；有稱其官者，如李將軍之類；有稱其爵者，有淮陰侯之類；其樊、酈、滕、灌、傅、靳、蒯、成，似皆單列姓氏矣，乃夏侯嬰封滕公，周緤封蒯成侯，於姓氏之中忽雜以分封，亦可知其標題之取便矣。不然，樊噲爲舞陽侯，酈商爲曲周侯，何莫非侯封乎？又南越尉佗姓趙氏，不曰「趙佗」，而曰「尉佗」。黥布〔二〕姓英氏，不曰

〔二〕「黥布」，原本誤作「鯨布」，今改，以下凡作「鯨布」者，皆徑改不再出校。

「英布」，而曰「黥布」。將謂史遷之標題，失之好奇乎？非也。說者曰：趙佗之爲「尉佗」，英布之爲「黥布」，出於當代史臣編録，無復張弛，取叶當時，不藉稽古。見史通。則「尉佗」、「黥布」者，本之時俗通稱，即據以標題耳。若萬石君者，以石奮父子官皆至二千石，漢景帝嘗曰：「石君及四子皆二千石，人臣尊寵乃集其門」，號奮爲「萬石君」。是亦其時有此名號，遂用以爲標題也。然則尉佗、黥布以及萬石君，史之標題，不過從時耳。乃魏收魏書，苟出詭名，於江東帝王，則云「僭晉司馬叡」、「島夷劉裕」，河西酋長則云「私署涼州牧張實」、「私署涼王李暠」。觀其標題，斯真遠不師古，近非因俗，自我作故，無所憲章者矣。說亦本史通。

或云：「史遷創列傳之體，列之爲言，排列諸人爲首尾，所以標異編年之傳也。然而列人名目亦有不齊者，或爵或官，或直書名，雖非左氏之錯出，究爲義例不純也。」或曰：「遷有微意焉。夫據事直書，善惡自見，春秋之意也，必標目以示褒貶，何怪沈約、魏收諸書，直以標題爲戲哉！況七十列傳，稱官爵者，偶一見之，余并直書姓名，而又非例之所當貶，則史遷創始之初，不能無失。」章實齋先生說。夫以遷之標題，未能整齊而畫一，所失或有之，然如沈約輩，竟以標題爲戲，则史公不任其咎也。史公何嘗標目以示褒貶哉？蓋史書極有義法，後之修史者，求其義法之何在，區區標題，非其要焉者也。

别目

聞之隋經籍志云：「古者史官既司典籍，蓋有目録，以爲綱紀。」綱紀之爲言，豈非目録者其史籍之綱要哉？太史公書大體爲紀、表、書、傳。其中目録，如五帝本紀、三王世家，则以數作記；若蕭相國、淮陰侯等，则書其官爵；此外则并稱其人之姓名。已撰有標題篇，爲析言之矣。乃世家之内，獨有外戚之目，列傳若刺客、循吏、儒林、酷吏、游俠、佞幸、滑稽、日者、龜策、貨殖，名目紛繁，若是者何哉？吾知其分别部居，蓋有類族辨物之意也。

考世家之例，以其皆爲有土之君，故録其國號爲多，外戚则當亦如是，今所記似均后妃事，後世史家，遂有改爲皇后本紀，或易爲傳者，亦其宜矣。説者且曰：外戚憑皇后以得名，犹宗室因天子而顯稱。若編皇后而曰「外戚傳」，則書天子而曰「宗室紀」可乎？史通説。其所辨者，殆謂外戚一目，直書皇后可矣，而孰知其非也。所謂外戚者，其篇首雖言吕、薄諸后，實則以薄后弟昭之爲軹侯，薄父之追尊爲靈文侯，竇后父之追尊爲安成侯，弟廣國之爲章安侯，兄長君之子彭祖爲南皮侯，從昆弟子嬰之爲魏其侯。是外戚亦與他世家同，因后妃之家，父子兄弟，俱有封爵，得比乎諸侯之列，故目之曰外戚，而次之於世家。蓋外戚非就后妃言，乃謂其家父子兄弟也。試爲之解曰：后妃家之父子兄弟，是之謂外戚。其家則受封而世世相繼，是之謂世家。惟外戚之得封，由於后妃而然，所以篇中叙述后妃爲詳，勢似不得不爾也。明明目爲外戚，僅以其爲后妃而作，則莫達其説矣。莫達其説，且疑史公之外戚立目未當乎義，則大謬已。

雖然，如外戚者，謂其有類族辨物之意，何也？曰：外戚之封，出於恩澤，故别爲其目，以類次之耳。列傳之刺客十目，其區别設此者，蓋以事類爲主，而人則萃合乎其中，非若合傳之體，取其人之學術行詣相同者從而論列之也。且自序其意曰「曹子匕首，魯獲其田，齊明其信；豫讓義不爲二心。作刺客列傳。」而於循吏則云：「奉法循理之吏，不伐功矜能，百姓無稱，亦無過行」。儒林則云：「自孔子卒，京師莫崇庠序，唯建元、元狩之間，文辭粲如也」。酷吏則云：「民倍本多巧，奸軌弄法，善人不能化，唯一切嚴削爲能齊之」。游俠則云：「救人於戹，振人不贍，仁者有乎；不既信，不倍言，義者有取焉」。佞幸則云：「夫事人君能説主耳目，和主顔色，而獲親近，非獨色愛，能亦各有所長」。其下滑稽之説曰：「不流世俗，不爭勢利，上下無凝滯，人莫之害，以道之用」。日者之説曰：「齊、楚、秦、趙爲日者，各有俗所用。欲循觀其大旨」。龜策之説曰：「三王不同龜，四夷各異卜，然各以決吉凶。略闚其要」。貨殖之説曰：「布衣匹夫之人，不害於政，不妨［百姓］〔二〕，取與以時而息財富，智者有采焉」。是其别爲諸目，亦足見刺客等之類聚爲傳，以其人多有可記也。

自班固評史，謂「序游俠則退處士而進姦雄，述貨殖則崇勢利而羞賤貧」。始取此二傳，以爲此其所蔽。後之讀史者，或又謂：刺客、游俠、貨殖，遷之撰述斯傳，蓋亦發憤之所爲，當其受禍之際，有感乎家貧，財賂不足自贖，交游之莫救視，故仰慕其

〔二〕原本作「不妨取與以時而息財富」，史記貨殖列傳，「不妨」下有「百姓」二字，今據補。

爲人，藉此以抒其怨恨，而游俠傳之救人於戹，其意尤可窺也。夫刺客而降，在遷祇以人之品類不一，自不能不別出記之。若意有所指，儒林爲其創目，彼固尊儒者也，何不美其尊儒，獨引刺客三傳爲之辭乎？劉知幾之議史也，曰：「達者七十，分以四科。太史公述儒林，則不取游、夏之文學；著循吏，則不言冉、季之政事；至於貨殖爲傳，獨以子貢居先。掩惡揚善，既忘此義；成人之美，不其闕如？」則又以貨殖傳中不當列入子貢矣。其駁擊也，亦自持之有故，言之成理，然亦知子貢之傳，以仲尼弟子爲正，貨殖特其互著者乎？況億則屢中，聖人嘉之。遷以孔子之名布揚天下，實賴子貢之結駟連騎，分庭抗禮。則貨殖且有裨於儒教，豈遂忘掩惡而揚善，有闕於成人之美哉！

至龜策有言：「四夷各異卜」。索隱云：「其書既亡，無以知其異」。今觀自序「異卜」之論，其傳首所謂「蠻夷氐羌雖無君臣之序，亦有決疑之卜。或以金石，或以草本，國不同俗。然皆可以戰伐攻擊，推兵求勝，各信其神，以知來事」。則顯然其爲異卜矣。又有疑之者曰：「傳所載者，人而已矣。龜策異物，不類肖形，輒與黔首同科，俱謂之傳，不其怪乎？且所記全爲志體，若與八書齊列，定以書名，庶幾物得其朋，同聲相應。」亦見史通。吾聞周官之職，有龜人、著人，今此傳只存其序，史公當日或以有精於龜卜者，爲其人而作傳，何必定以書名乎？如使龜策而爲書，貨殖之詳物産，亦當名「貨殖書」矣。然班氏有食貨志，而傳則并次貨殖，必易以書名，夫何可哉？

抑更有可哂者，謂史傳有大小之分，凡其別著篇目者，皆傳之小者也。則吾所大惑不解矣。往嘗偶讀後漢文苑黄香傳，其末云：「子瓊，自有傳。」史傳類此者甚多，以往讀黄香傳而悟，故僅言此。頗悟其非。何則？香之入文苑，既係小傳，則瓊必爲大傳矣。豈有父祇爲小傳人物，而其子反居大傳之理？若史官別造題目，果存大小之見於其中，則悖道甚矣。不唯此也，如子貢者，即以仲尼弟子爲大傳，貨殖爲小傳，將此一人也，不妨大小兼收乎？説矣不能通矣。

夫目録者，作史之綱要也，自史遷有此別目。此所以漢書而後，即有增損，無有不遵其義法乎？

撰序

孔穎達杜氏春秋序正義：「『序』與『叙』，音義同。爾雅釋詁：『叙，緒也。』舉其綱要，若繭之抽緒。孔子爲書作序，爲易作序卦，子夏爲詩作序，故杜亦稱序，序春秋名義、經傳體例及已爲解之意也」。誠哉序之爲用大矣哉！其爲用也，豈不在發明書之體例與其意義之所爲乎？

馬遷之作史也，以自序一篇，編之卷末。其中始述先世史，爲其家傳之業，繼言父子之間以史事相敦勉，逮身任史職，即屬草纂修，雖罹李陵之辱，終焉成之，不因此而中輟。至於五帝本紀而下，莫不條其篇目，撮其指歸，蓋全史之總序也。其十表之前，暨傳之循吏、儒林凡别類爲題者，又各撰序以分論之。如此反覆申明，所以爲學者計，當無不釋然而通其旨矣。乃斥其疏漏者有之，駁其違誤者有之，而辨惑、志疑諸作紛然雜出。龍門爲史學之祖，窮究義法者，世不多遘，抑獨何哉？

吾謂即就序言，讀之不善，往往有莫得其説者。如外戚世家，彼固以薄昭、竇嬰等，緣后妃而受封，其家足以世及相繼，同於有國之君，故標之爲「外戚」，次入世家之中。今見其叙事也，首書吕、薄諸后，而其序又詳論夫婦之倫，似此世家專爲后妃設矣。抑知外戚若是后妃，尚何世家之有？在遷特以夫婦人倫之始，詩之關雎，書之「釐降」，經教所先，是以序文暢言之，其實外戚者，乃后妃之戚屬也。不辨其命名之故，以爲紀后妃事，則傎矣。秦楚之際月表於楚義帝獨書「元年」，余則均稱爲「一」，有春秋紀元之意也，是遷本以義帝爲正，漢之帝統接自義帝矣。然其序則謂陳、項之後，至高祖遂成帝業，爲時不過五年，而號令有此三嬗，義帝若不列其數。無怪人且改表曰楚漢年表，方謂史之不載義帝，有失其當也。不知序則如此，而其書法則誠是也。且表自三代而後，以世次遞，續有十二諸侯、有六國，而秦楚焉可無言？蓋秦亦一代也。表有「鄉秦之禁，適足資賢者爲驅除難」，末則云：「非大聖孰能當此受命而帝。」則遷之意，秦祇爲漢驅除，高祖直受命之聖帝，所以歸美於漢耳。階兹而觀，讀其序者，自可識其撰著之意。然亦有不可拘牽文義者。今夫書之有序，非淮南所謂要略者哉？「要略」云者，謂揭此書之要而言其大略也。遷史既有統序，復有篇序，其無序者，論贊如五帝紀之「擇雅言」，管晏傳之「論佚事」，幾使一紀一傳，欲人有以心知其意，豈不善哉？

抑吾犹有説者。漢書遷本傳：「十篇有録無書」。有録者，言僅有序録，本無其書也。張晏注云：「遷没之後，亡景紀、武紀、禮書、樂書、兵書、漢興以來將相年表、日者列傳、三王世家、龜策列傳、傅靳列傳。元成之間，褚先生補缺，作武帝紀、三王世家、龜策、日者傳，言辭鄙陋，非遷本意。」如張氏言，竟以「無書」爲「亡書」，恐未然也。何則？將相一表，禮、樂、兵三書，日者、龜策兩列傳，今皆有序。此六篇者，不得謂亡，則景紀四篇，亦未可謂之亡也。蓋有録者，或并兼目録言之。揆以陸德明經典釋文叙録，則序録本並著目録也。不然，龜策、日者等傳，何以其序録俱在乎？綜而言之，遷之撰序，未有不如孔氏之所云「舉其綱要」者。治史者，蓋可忽乎哉！

設論

史論之興，其權輿於遷乎？若遷之所取法，則爲左傳。左氏發論，每假君子以稱之，如「君子曰：『潁考叔純孝也，愛其母，施及莊公。』」「君子曰：『石碏純臣也。惡州吁而厚與焉。』」是其先例矣。

自史有設論，後世史家，莫不從之。然班固曰「贊」，謝承曰「詮」，陳壽曰「評」，王隱曰「議」，何法盛曰「述」，其名各異。唯史官所撰，通稱「史臣」耳。說本史通。其體則太史公書限以篇終，而范氏後漢則稍有更易。但史之有論，必如劉子元所謂「事無重出，文省可知」，則得之。乃元史紀傳，不綴論贊，其凡例述勅旨云：據事、具文，善惡自見。豈有嫌於論辭之每多妄設乎？然要不可以議遷。何則？遷之立論，蓋有不可不設者。今爲略言之。

殷本紀云：「余以頌次契之事，自成湯以來，采於書、詩。」日者列傳云：「古者卜人所以不載者，多不見於篇。及至司馬季主，余志而著之。」此論殷紀采自書、詩，而日者一傳，爲其創著也。孔子世家云：「天下君王至於賢人衆矣，當時則榮，没則已焉。孔子布衣，傳十余世，學者宗之。」此論孔子之道，爲世所宗，彼君王之尊及乎？衆賢没而無聞者多矣，安可與之同語，所以明孔子之爲聖也。老莊申韓列傳云「老子所貴道，虛無，因應變化於無爲，故著書辭稱微妙難識。莊子散道德，放論，要亦歸之自然。申子卑卑，施之於名實。韓子引繩墨，切事情，明是非，其極慘礉少恩。皆原於道德之意，而老子深遠矣」。此論老、莊爲道，申、韓爲法，雖非一家之學，其源流得失則可知也。樂毅列傳云：「樂臣公學黄帝、老子，其本師曰河上丈人，不知其所出。河上丈人教安期生，安期生教毛翕公，毛翕公教樂瑕公，樂瑕公教樂臣公，樂臣公教蓋公，蓋公教於齊高密、膠西，爲曹相國師」。史公通於百家學術，凡其人所治何學，及受業某氏，必詳識之。此以樂瑕公、樂臣公爲毅之族，樂臣公善黄老言，因推論其師承也。田單列傳云：「兵以正合，以奇勝。善之者，出奇無窮，奇正還相生，如環之無端。夫始如處女，適人開戶；後如脱兔，適不及距：其田單之謂耶！」聞之八書中，律書謂即兵書，是遷乃極知兵者。

此以田單能用奇兵，遂獲勝燕，因縱論及兵法也。公孫宏列傳云：「公孫宏行義雖修，然亦遇時。漢興八十余年矣，上方鄉文學，招俊乂，以廣儒墨，宏爲舉首」。史公最尊儒術，而儒術之興，莫不歸美於宏，特出於上之所好，蓋以見武帝之崇儒，故論宏之幸遇其時也。汲鄭列傳云：「下邽翟公有言，始翟公爲廷尉，賓客闐門；及廢，門外可設雀羅。翟公復爲廷尉，賓客欲往，翟公乃大署其門曰：『一死一生，乃知交情。一貧一富，乃知交態。一貴一賤，交情乃見。』」昔孔子嘉晏平仲善與人交，久而敬之。夫友朋相交，持久爲難。史公深有感於翟公之言，故述其生死貧富之説，所以論交道也。階是而觀，史書之設論，真有蔚宗自序謂爲「無一字虛設」者矣。吾亦僅舉一二，實則自五帝紀下，凡爲論贊，或明作意，或取他事，要無不各有其義者也。

或謂紀傳之史，以記事爲主，褒貶則無所施。其説是也。不知每紀每傳之後，其設之以論者，褒貶即寓乎其中。李斯傳云：「李斯以閭閻歷諸侯，入事秦，因以瑕釁，以輔始皇，卒成帝業，斯爲三公，可謂尊用矣。斯知六藝之歸，不務明政以補主上之缺，持爵禄之重，阿順苟合，嚴威酷刑，聽高邪説，廢嫡立庶。諸侯已畔，斯乃欲諫爭，不亦末乎！

人皆以斯極忠而被五刑死，察其本，乃與俗議之異。不然，斯之功且與周、召列矣。」蒙恬傳云：「秦之初滅諸侯，天下之心未定，痍傷者未瘳，而恬爲名將，不以此時强諫，振百姓之急，養老存孤，務修衆庶之和，而阿意興功，此其兄弟遇誅，不亦宜乎？」萬石張叔傳云：「仲尼有言：『君子欲訥於言而敏於行』，其萬石、建陵、張叔之謂邪？是以其教不肅而成，不嚴而治。塞侯微巧，而周文處讇，君子譏之，爲其近於佞也。然斯可謂篤行君子矣！」豈非遷所評論，亦用其褒貶者哉？且如項羽重瞳，疑爲舜之苗裔；張良狀貌，據圖而知其如婦女，往往爲紀傳所不載者，而於論載之。故子長之史論，其足爲義法者，若特設此以補紀傳之闕，安可少哉？

合傳

史之爲紀傳也，自馬遷所創作，乃於紀傳之中，則又立有合傳之體。合傳者，非謂儒林諸傳，别設題目者也。其間有以名位而合，有以學術而合者，在遷極參酌出之，豈强用配合而已乎？

其以名位合傳者如何？若管晏列傳，爲其皆齊之良相，孟子所謂「管仲以其君霸，晏子以其君顯」是也。則管、晏之合傳，不在名位乎？使非名位，管子爲道家，晏子爲儒家，其學則不同矣。故管、晏者，以名位而合者也。其以學術而合者，孟子、荀卿，并爲儒家；孫武、吳起，并爲兵家。所以合傳之故，非取學術相合而然與？即老、莊爲道家，申、韓爲法家，以論學術，似有不可合者，然法家多通於道，韓非之書，不有解老、喻老乎？且於申不害傳曰：「申子之學，本於黄老。」韓非傳曰：「喜刑名法術之學，而其歸本於黄老。」則此傳之所由合者，要以學術而合也。推之范雎、蔡澤，遷自謂：「能忍訽於魏、齊，而信威於强秦，推賢讓位，二子有之。」廉頗、藺相如則謂：「能信意强秦，而屈體廉子，用徇其君，俱重於諸侯。」若是，范、蔡諸人合爲一傳，則以其行事相同，又可悟矣。

此外如樗里、甘茂、白起、王翦，凡諸合傳，遷皆意爲聯合，固無可疑。乃後人於屈原、賈生、魯連、鄒陽，譏其合傳之非，則大不然。索隱之説曰：「魯連、屈原當六國之時，賈誼、鄒陽在文景之日，事迹雖復相類，年代甚爲乖絕。其鄒陽不可上同魯連，賈生亦不可上[二]同屈原。宜抽魯連同田單爲傳，其屈原與宋玉等爲一傳，其鄒陽與枚乘、賈生等同傳。」在彼以爲果撰合傳，魯仲連之與鄒陽，屈原之與賈生，時代不合，應取宋玉、枚乘時代相接者，合而傳之，其意亦未甚有失也。然不讀史本傳乎？贊曰：「魯連其指意雖不合大義，然余多其在布衣之位，蕩然肆志，不詘於諸侯，談説於當世，折卿相之謀。鄒陽辭雖不遜，然其比物連類，有足悲者，亦可謂抗直不撓矣，吾是以附之列傳焉。」一則謂其「不詘」，一則謂其「不撓」，而合傳之義，又明稱之，則索隱之妄議更張，豈不謬哉！至於屈、賈之合傳也，既云：「自屈原沈汨羅後百有余年，漢有賈生，爲長沙王太傅，過湘水，投書以弔屈原。」已足知合傳之所有來矣。復云：「及見賈生弔之，又怪屈原以彼其材，游諸侯，何國不容，而自令若是。讀鵩鳥賦，同死生，輕去就，又爽然自失矣。」可知屈、賈者，確有可以合傳之理，遷蓋悼文儒之不遇者。但拘時代爲言，何所見之淺哉？

[二] 「上同」，原本誤作「下同」，據史記魯仲連鄒陽列傳司馬貞索隱改。

夫古人著書，必有其立言之旨。合傳之例，前史所未有，子長既已兩人或三數人合諸一傳，始興此例，故爲標揭其意旨，若深恐人之好爲異論者然，豈知異論犹紛紛未已也。遷嘗願傳之其人。嗚呼！如索隱者，專治史書，而不能推闡其義法，務爲傳人，抑獨何哉！

附出

古今稱通史者，厥惟太史公書。夫爲通史，而一人一傳，不知有以彙合之，其失則煩。此子長合傳之法。後雖斷代之史，亦率循而用其體，道誠善矣。然吾讀其史，又有寄傳與附傳在焉。

何謂寄傳？史通所謂：「事迹雖寡，名行可崇，寄在他篇，爲其標冠。若商山四皓，事列王陽之首；廬江毛義，名在劉平之上是也。」以史徵之，伯夷列傳：「説者曰堯讓天下於許由，許由不受，恥之逃隱。及夏之時，有卞隨、務光者。此何以稱焉？」是由、光雖不爲立傳，而於伯夷傳首言之，非即寄傳之義乎？

若附傳者，史通復云：「自兹以後，史氏相承，述作雖多，斯道都廢。其同於古者，唯有附出而已。」蓋謂史傳之中，後世廢此寄傳，所不廢者，則傳之附出者也。考之於史，如齊之三鄒、淳于髡、慎到、田駢、接子、環淵，以及公孫龍、劇子、李悝、尸子、長盧、吁子、墨翟，附出於孟荀傳。陳軫、犀首，則附出於張儀傳。周昌、申屠嘉，則附出張蒼傳。平原君、朱建，則附出於酈生陸賈傳。衛綰、直不疑、周文，則附出於萬石張叔傳。徐樂、嚴安，則附出於主父偃傳。此其例也。但上所附者，皆載在篇中，雖謂之爲合傳，未嘗不可。若衛將軍驃騎傳，其公孫賀、李息諸人，列在傳末，尤爲附出之顯見者。且爲之説曰：「左方[一]兩大將軍及諸裨將名：最大將軍青，凡七出擊匈奴，斬捕首虜五萬余級。一與單于戰，收河南地，遂置朔方郡，再益封，凡萬一千八百戶。封三子爲侯，侯千三百戶。并之，萬五千七百戶。其校尉裨將以從大將軍侯者九人。其裨將及校尉已爲將者十四人。爲裨將者曰李廣，自有傳。無傳者曰……」云云。後「最驃騎將軍」下，其校吏有功爲

[一]「左方」，原本誤引作「左右」，據史記衛將軍驃騎列傳改。

侯者，凡六人，而後爲將軍二人。亦是附出同其例。則自公孫賀以下，不有專傳者，咸附出於此，亦可見矣。吾讀後漢書，知郭太傳後載有左原等十人，即本史書爲法，與公孫賀輩之附出同。又以獨行傳而論，譙玄傳云：「時亦有犍爲費貽，不肯仕述，乃漆身爲厲，陽狂以避之，退藏山藪十余年。述破後，仕至合浦太守。」貽固高節之士也，并不別傳，非附出而何？再李業傳之附王皓、王嘉，劉茂傳之附所輔，范式傳之附孔嵩，此數子者，其行誼皆應有傳，今附出之者，非以其人不足傳也。

夫人生天地間，當謀所以不朽者，使國史有傳，乃不與草木同腐，若默默以終，卒之姓名翳如，豈不悲哉！爲史官者，以其事蹟不多，而又不欲掩没其人，牽連得書，並著附出之傳，俾能獲聞於後世。此史筆之所以可貴乎！

紀聞

夫人立言著書，豈惟采輯典籍，以備筆削已哉？則必見聞廣博，所書之事，皆真確不磨，然後能信今而傳後。況其爲作史乎？吾讀太史公書，觀其得所聞於人者，類無不載記之。項羽本紀：「吾聞之周生曰『舜目蓋重瞳子』，又聞項羽亦重瞳子。」趙世家：「吾聞馮王孫曰：『趙王遷〔一〕，其母倡也，嬖於悼襄王。』」刺客列傳：「始公孫季功、董生與夏無且游，具知其事，爲余道之如此。」樊酈滕灌列傳：「吾適豐、沛，問其遺老，觀故蕭、曹、樊噲、滕公之家〔二〕，及其素，異哉所聞！方其鼓刀屠狗賣繒之時，豈自知附驥之尾，垂名漢庭，德流子孫哉？余與他廣通，爲言高祖功臣之興時若此云。」酈生陸賈列傳：「至平原君子與余善，是以得具論之。」田叔列傳：「孔子稱曰『居是國必聞其政』，田叔之謂乎！義不忘賢，明主之美以救過。仁與余善，余故并論之。」衛將軍驃騎列傳：「蘇建語余曰：『吾嘗責大將軍至尊重，而天下之賢大夫毋稱焉，願將軍觀古名將所招選擇賢者，勉之哉。大將軍謝曰：自魏其、武安之厚賓客，天子常切齒。彼親附士大夫，招賢絀不肖者，人主之柄也。人臣奉法遵職而已，何與招士！』」驃騎亦放此意，其爲

〔一〕「趙王遷」，原本作「趙馮王遷」，今據史記趙世家改。

〔二〕「家」，原本誤作「冢」，據史記樊酈滕灌列傳改。

將如此。」自序：「余聞董生曰：『周道衰廢，孔子爲司寇，諸侯害之，大夫壅之。孔子知言之不用，道之不行也，是非二百四十二年之中，以爲天下儀表，貶天子，退諸侯，討大夫，以達王事而已矣。』子曰：『我欲載之空言，不如見之於行事之深切著明也。』」凡此所述，皆其接聞并世之人，所以取爲作史之具者也。

又有不詳其姓名者。如五帝紀贊：「余嘗西至空桐，北過涿鹿，東漸於海，南浮江、淮矣，至長老皆各往往稱黄帝、堯、舜之處，風教固殊焉。」魏世家：「吾適故大梁之墟，墟中人曰：『秦之破梁，引河溝而灌大梁，三月城壞，王請降，遂滅魏。』」孟嘗君列傳：「吾嘗過薛，其俗閭里率多暴桀子弟，與鄒、魯殊。問其故，曰：『孟嘗君招致天下任俠，姦人入薛中蓋六萬余家矣。』」淮陰侯列傳：「吾如淮陰，淮陰人爲余言，韓信雖爲布衣時，其志與衆異。其母死，貧無以葬，然乃行營高敞地，令其旁可置萬家。余視其母冢，良然。」龜策列傳：「余至江南，觀其行事，問其長老，云龜千歲乃游蓮葉之上，蓍百莖共一根。又其所生，獸無虎狼，草無毒螫。江傍家人常畜龜飲食之，以爲能導引致氣，有益於助衰養老。」是其博訪周咨，可謂勤矣。

夫子長世掌史官，又繼父談之業，身任太史之職，家學相承，所聞必已有異於人。序言「余聞之先人」，則所作史書，顯有庭聞爲他人不及聞者，乃得之於人而爲所親聞者復若是。在漢之世，如劉向、揚雄輩，均稱之爲良史，洵乎其爲良史也。隋書經籍志云：「史官者，必求博聞强識，疏通知遠之士，使居其位。」如遷之詳紀所聞，其爲史官也，豈不宜哉？且其言曰：「難爲淺見寡聞道。」夫聞見既已淺寡，而使之身親修史之責，何能勝任而愉快？嗚呼！史才之難，史遷而後，自古歎之矣。

徵見

論語曰：「多見而識之。」史遷之自述所聞，已著其説矣。又有徵之目驗而爲彼所親見者，試分别言之：有見其地者焉，有見其人者焉，有見其事者焉，有見其物者焉。

何謂見其地？河渠書云：「余南登廬山，觀禹疏九江，遂至於會稽太湟，上姑蘇，望五湖；東闚洛汭、大邳，迎河，行淮、泗、濟、漯洛渠；西瞻蜀之岷山及離碓；北自龍門至於朔方。曰：甚哉，水之爲利害也！」齊太公世家云：「吾適齊，自泰山屬之琅邪，北被於海，膏壤二千里，其民闊達多匿知，其天性也。」孔子世家云：「適魯，觀仲尼廟堂車服禮器，諸生以時習禮其家，余祗回留之不能去云。」信陵君列傳云：「吾過大梁之墟，求問其所謂夷門。夷門者，城之東門也。」春申君列傳云：「吾適楚，觀春申君故城，宮室盛矣哉！」屈原賈生列傳云：「適長沙，觀屈原所自沈淵，未嘗不垂涕，想見其爲人。」蒙恬列傳云：「吾適北邊，自直道歸，行觀蒙恬所爲秦築長城亭障，塹山堙谷，通直道，固輕百姓力矣。」此非見其地耶？

何謂見其人？韓長孺列傳云：「余與壺遂定律麻，觀韓長孺之義，壺遂之深中隱厚。世之言梁多長者，不虛哉！」李將軍列傳云：「余睹李將軍悛悛如鄙人，口不能道辭。及死之日，天下知與不知，皆爲盡哀。彼其忠實心誠信於士大夫也。」游俠列傳云：「吾視郭解，狀貌不及中人，言語不足采者。然天下無賢與不肖，知與不知，皆慕其聲，言俠者皆引以爲名。」此非見其人耶？

何謂見其事？禮書云：「余至大行禮官，觀三代損益，乃知緣人情而制禮，依人性而作儀，其所由來尚矣。」封禪書云：「余從巡祭天地諸神名山川而封禪焉。入壽宮侍祠神語，究觀方士祠官之意，於是退而論次自古以來用事於鬼神者。」河渠書云：「余從負薪塞宣房，悲瓠子之詩而作河渠書。」此非見其事耶？

何謂見其物？留侯世家云：「余以爲其人計魁梧奇偉，至見其圖，狀貌如婦人好女。」此非見其物耶？

其地、其人、其事、其物，史公徵之所見又若是其廣遠。彼文儒局於偏隅而所見淺狹者，使秉筆爲史，宜其僅能致功於詞翰，記載每易失實也。史才如遷，耳所聞者如彼，目所見者如此，所以爲史家之冠哉！

據左

左氏春秋傳自東漢始立學官，然其書則非東漢乃有也。昔之論者，皆謂左傳子長所未見，子長得見者，祗爲國語一書。嗚呼！是豈然哉？考之隋書經籍志，其春秋類云：

「左傳，漢初出張蒼家。」則左傳者，在漢初已出。史遷博覽多聞，必親見之。張蒼學於荀卿，陸德明釋文叙録述左氏授受源流，蒼則傳自荀卿者。雖蒼之遺説今已不存，顧蒼以左氏傳之賈誼，誼所著新書，其論春秋時事，則本之左傳，又爲訓詁以授貫公，如是則左傳行於西漢，史公當及見之無疑也。且十二諸侯年表：「魯君子左丘明懼弟子人人異端，各安其意，失其真，故因孔子史記具論其語，成左氏春秋。」則明明言及左氏之作傳矣。謂爲未見，夫何可哉？

今觀其書，有顯然引用者。五帝本紀：「昔高陽氏有才子八人，世得其利，謂之『八愷』。高辛氏有才子八人，世謂之『八元』。此十六族者，世濟其美，不隕其名。至於堯，堯未能舉。舜舉八愷，使主后土，以揆百事，莫不時序。舉八元，使布五教於四方，父義，母慈，兄友，弟恭，子孝，内平外成。昔帝鴻氏有不才子，掩義隱賊，好行凶慝，天下謂之渾沌。少皞氏有不才子，毀信惡忠，崇飾惡言，天下謂之窮奇。顓頊氏有不才子，不可教訓，不知話言，天下謂之檮杌。此三族世憂之。至於堯，堯未能去。縉雲氏有不才子，貪於飲食，冒於貨賄，天下謂之饕餮。天下惡之，比之三凶。舜賓於四門，乃流四凶族，遷於四裔，以御螭魅。」此左傳文公十八年文也。周本紀：「齊桓公使管仲平戎於周，使隰朋平戎於晉。王以上卿禮管仲。管仲辭曰：『臣賤有司也，有天子之二守國、高在。若節春秋來承王命，何以禮焉。陪臣敢辭。』王曰：『舅氏，余嘉乃勳，毋逆朕命。』管仲卒受下卿之禮而還。」此左傳僖公十二年文也。姑舉一二，其字句之間，雖間有删節，史公據左氏以入紀，則其目見左傳也審矣。其他世家、列傳之中，援據左傳者甚多，吾亦不悉數也。

史通雜説篇曰：「昔春秋之時，齊有夙沙衛者，拒晋殿師，郭最稱辱；伐魯行唁，臧堅抉死。此閹官見鄙，其事尤著者也。而太史公與任少卿書，論自古刑余之人爲君子所賤者，唯以彌子瑕爲始，何淺近之甚邪？但夙沙出左氏傳，漢代其書不行，故子長不之見也。博考前古，而捨兹不載，至於乘傳車，探禹穴，亦何爲者哉？」夫左傳之書，西漢時早已流行，安知爲遷所未見？子元以夙沙之出左氏，遂謂遷之博考，捨而不載，病其考古之疏，特恐彼亦未詳考耳。且史公之與少卿書中，不言夙沙而始於彌子瑕者，往來書牘隨取刑余一人，以伸其論，無關得失。甚至斥其乘傳車、探禹穴，亦復何爲，子元何以責遷若是之嚴哉！亦云妄矣。近世之疑經者，以左傳爲劉歆僞造，凡遷之有稱古文者，必歸過於歆所竄改。余嘗援隋志以正其失。不謂劉氏論史有識，既不知漢初左氏即已行世，而遷之明據左傳者，又習焉不察，夙沙之事，不過偶然失載，遽欲抵其罅隙以肆我彈擊，是亦不可以已乎！班固之言曰：「司馬遷據左氏」，蓋史公乃確見左傳者也。

裁篇

語有之，左史記言，右史記事。以經而論，尚書則爲記言，春秋則爲記事。蓋古史之體，其分別有如此。馬遷作史，言事兼載，故凡前人撰述，莫不裁篇入録。

請以列傳言之：如伯夷傳之佚詩，韓非傳之説難，鄒陽傳之獄中上書，屈原傳之懷沙賦及賈生傳之弔屈原賦與鵩鳥賦，李斯傳之諫逐客書、獄中上書，公孫宏傳之上書，主父偃傳之諫伐匈奴書及徐樂、嚴安之言世務書，司馬相如傳之子虚賦、喻巴蜀檄、難蜀父老、上書諫獵、哀二世賦、大人賦、封禪文，滑稽傳之滑于髡説隱，不可殫述。考之漢志，賈生、公孫宏，在諸子儒家；韓非則法家也；鄒陽、主父偃、徐樂、嚴安則縱横家也；屈原、相如并入詩賦略，皆古者立言之士也。其篇目可知者，賈生五十八篇，又賦七篇；公孫宏有十篇；韓非有五十五篇；鄒陽有七篇；主父偃有二十八篇；惟徐樂、嚴安，則祇有一篇耳；屈原賦凡二十五篇；相如賦凡二十九篇；李斯、淯于髡兩家，不見著録，姑無論。史公之本傳，特裁篇甄比，以韓非傳所謂「余獨悲韓子爲説難而不能自脱」，相如傳所謂「他所著，若遺平陵侯書、與五公子相難、草木書篇不采，采其尤著公卿者」觀之，是有其意之所取也。

夫人有志著述，以謀不朽之業，期流傳於後世，幸而全書獲傳，固爲可喜，往往有名目僅存，惟藉史傳之中犹得略見其一二者。即如仲長統昌言，久經散佚，其理亂、損益、法誡三篇，自范氏載之於統傳，後人尚可識其名并得考其撰著之義。故遷史裁篇之法，傳其人者，并傳其言論，匪第事蹟昭然，而文采亦於是乎不致磨滅也。乃史通載言篇曰：「賈誼、晁錯、董仲舒、東方朔等傳，唯上録言，罕逢載事。夫方述一事，得其紀綱，而隔以大篇，分其次序。遂令披閱之者，有所懵然。後史相承，不改其轍，交錯紛擾，古今是同。案遷、固列君臣於紀、傳，統遺逸於表、志，雖篇名甚廣而言無獨録。愚謂凡爲史者，宜於表志之外，更立一書。」誠如其説，豈不謂紀傳之史，惟尚事實，而言則貴乎獨立爲編，不可裁入其中。嗚呼！彼但知尚書、春秋當使各備其體，未免泥矣。史之本義，以説文考之，訓爲「記事」，似專以記事爲主。然即論書與春秋，書則記言，而事亦具焉；春秋則記事，而言亦載焉。史公紹法春秋之學，其書則取法尚書，故伯夷以下，均爲裁篇備述，此其所以厥協六經乎！要之，自子長立此義法，後之史家，於章表之關切世事，頌讚之傳頌當時，爲人立傳者，悉以裁篇行之，不甚善哉！

互著

史家之體，自漢以後，爲其人作傳，未有彼此互著者，其法非不善也。然不知互著，使若人可入儒林者，并可入逸民；可入文苑者，并可入循吏，將僅著之一傳，而其他不言乎？則顧此者未免失彼矣，豈有當哉？

太史公書既以子貢列仲尼弟子列傳，而貨殖傳則曰：「子贛既學於仲尼，通而仕於衛，廢著鬻財於曹、魯之間，七十子之徒，賜最爲饒益。原憲不厭糟糠，匿於窮巷。子貢結駟連騎，束帛之幣以聘享諸侯，所至，國君無不分庭與之抗禮。夫使夫子名布揚於天下者，子貢先後之也。此所謂得勢而益彰者乎？」孟子荀卿列傳包舉戰國一代學術，而淳于髡亦厕其中，傳曰：「淳于髡，齊人也。博聞强記，學無所主。其陳說，慕晏嬰之爲人也，然而承意觀色爲務。客有見髡於梁惠王，惠王屏左右，獨坐而再見之，終無言也。惠王怪之，以讓客曰：『子之稱淳于先生，管、晏不及，及見寡人，寡人未有得也。豈寡人不足爲言邪？何故哉？』客以謂髡。髡曰：『固也。吾前見王，王志在驅逐；後復見王，王志在音聲：吾是以默然。』客具以報王，王大駭，曰：『嗟乎，淳于先生誠聖人也！前淳于先生之來，人有獻善馬者，寡人未及視，會先生至。後先生之來，人有獻謳者，未及試，亦會先生來。寡人雖屏人，然私心在彼，有之。』後淳于髡見，壹語連三日三夜無倦。惠王欲以卿相位待之，髡因謝去。於是送以安車駕駟，束帛加璧，黄金百鎰。終身不仕。」夫以髡次之孟荀傳中，謂其慕晏嬰爲人。晏子爲儒家，則髡亦儒家流也。乃滑稽列傳又互著之，此何爲哉？蓋貨殖、滑稽，遷恐人所忽視，設子貢與髡本傳即以其事并叙之，非所以尊賢也，故立互著之例，而語各有歸，庶不失之雜。且於子貢則謂「孔子之名得布揚於天下」，轉賴其勢；於髡則美其工於諷諫，是其撰貨殖、滑稽者，非卑之也。況子産、范蠡，雖乏專傳，然鄭、越兩世家固備載之，乃子産互著於循吏，范蠡互著於貨殖，不又用其例乎？

今夫互著之道，觀於漢書，董仲舒、王吉、韋賢此三賢者，俱有列傳，而儒林并傳之，非祖述遷書之義法哉？抑孟堅之志藝文也，本之七略，如管子、墨子諸家，有互著於法與兵者，其所爲互著之故，誠以别類叙書，與列人爲傳，皆重在義類，并不關乎名目也。部次群籍，標目之下，不可使類有所闕，故詳略互著，俾後人溯家學者，足以求之無弗得〔二〕。列傳之用互著，亦以事義標篇，人名則離合乎其間，取其發明而已。說本章實齋先生。然自此義不明，編經籍者，則有一書重出，修元史者，甚至一人兩傳，其弊有由來矣。

〔二〕「無弗得」，原本誤作「無所得」，文意難通。今據章學誠校讎通議改。

省文

昔宋子京等之爲新唐書也，其自詡則言：「事增於前，文省於舊。」識者曰：「此正其失處。」或者又謂：「論語記夫子與弟子問答，率不過數語，而季氏將伐顓臾，記所詰對甚詳，不如是不足以見體要，各造其極。今唐史務爲省文，與古作者不侔。」說詳直齋書録解題。

以此而論，將作史之法，并不以省文爲得乎？抑知不盡然。吾讀太史公書矣，周本紀曰：「其事在周公之篇」；秦本紀曰：「其事在商君語中」，又曰：「其語在始皇本紀中」；秦始皇本紀曰：「其賜死語具在李斯傳中」；吕后本紀曰：「語在齊王語中」；孝文本紀曰：「事在吕后語中」；禮書曰：「事在袁盎語中」；趙世家曰：「語在晉事中」；蕭相國世家曰：「語在淮陰侯事中」；留侯世家曰：「語在項羽事中」，又曰：「語在淮陰事中」；絳侯周勃世家云：「其語在吕后、孝文事中」。列傳姑不論。每言

「事在某篇」者，非即省文之法與？

夫一事也，而彼此兩載，弊必有失之繁複者，若第更易其辭，而於事實則絕無異同，此亦非史體之所宜，故以「事在周公」、「事在商君」而出此省文之筆，使後之讀者足以參考而互證，否則兹篇之内，已行序述，而他篇又大書特書，其能免重沓之譏乎？往見沈休文齊故安陸昭王碑云：「若夫彈冠出仕之日，登庸涖事之年，軍麾命服之序，監督方部之數，斯固國史之所詳，今可得而略也。」嘗謂此碑文中既云「可得而略」，則竟删去之可矣，乃必顯言其略者，知爲詞章家省文之道，蓋國史已詳，而我復詳載之，將文襲國史乎？抑取國史所詳者而别騁其翰藻乎？是誠有不能不從其略者。若然，史家文字，權於詳略之間，有云「語具何紀何傳」者，其爲省文也，大可見矣。且諸子之中有用之者：吕氏春秋有始覽應同篇：「解在乎史墨來而輟不襲衛」；去尤篇：「解在乎齊人之欲得金也，及秦墨者之相妬也。」以下不備載。殆爲史公之所本乎？

晉張輔之論曰：「史遷叙三千年事，五十萬言；班固叙二百年事，八十萬言。煩省不敵，固之不如遷必矣。」張氏固深嘉史之叙事善於省文也，惟其所以省文之法，則未明言耳。乃劉知幾點煩篇，家語而下，漢晉諸史，均以文辭煩冗，爲之削除，而遷史亦預焉。其意蓋病史文之煩而未能省乎？不知字句修潔，此其小者，遷之省文，可爲作史義法者，自有大者在也。史通復有二體篇，反以於高紀則云「語在項傳」，於項傳則云「事具高紀」，訾其斷續相離，前後屢出。吾不識劉氏論史獨工，而於此偏議其短。龍門史學，蓋知之者尠矣。

申解

古人之著書也，期其明析；今人之著書也，出於疑誤。出於疑誤，故凡古物之不成字者，則憑臆而斷之曰爲某爲某，學術之無可强通者，每附會以成之。如陰陽家之鄒衍，而謬以秦漢方士，謂即合於神仙之迂誕，又以春秋家之鄒氏無師，謂其人即談天之衍，豈不謬乎！

古人則不然，所不知者，則從蓋闕，造述之書，務使人達乎其義，或恐其義之人未易曉也，并引申之，以爲釋解。如太史公書，於堯本紀云：「舜受終於文祖。文祖者，堯大祖也。」夏本紀云：「或言禹會諸侯江南，計功而崩，因葬焉，命曰會稽。會稽者，會計也。」而屈原列傳又云：「憂愁幽思而作離騷。離騷者，犹離憂也。」姑舉此三者，在遷必以如大祖、如會稽、如離騷，後人不能得其説，則心滋惑焉，故爲之解，以申言之。

雖然，吾讀麻書、封禪書而見其多有申解者矣。今試略言之。麻書云：「日月成，故明也。明者孟也。幽者幼也。幽明者雌雄也。」封禪書云：「東至於岱宗。岱宗，泰山也」；「遂覲東后。東后者，諸侯也」；「五月，巡狩至南岳。南岳，衡山也。八月，巡狩至西岳。西岳，華山也。十一月，巡狩至北岳。北岳，恆山也。皆如岱宗之禮。中岳，嵩高也」；「四瀆者，江、河、淮、濟也」；又「名山五，大川祠二。曰太室。太室，嵩高也」；又「黄帝接萬靈明廷。明廷者，甘泉也。所謂寒門者，谷口也」；又「加以禪祠石閭。石閭者，在泰山下阯南方」。此二書者，并有説解之辭。至如律書所言「舍者，日月所舍。舍者，舒氣也」，以及「亥者，該也」，「子者，滋也」，「壬之爲言任也」，「癸之爲言揆也」，諸如此類，幾全篇爲訓解體矣。宋鄭樵論書志之原，謂出爾雅。以此律書與天官書證之，實與爾雅釋天同，則謂史之書志，本於爾雅者，非無見也，不但分别類例，如封禪、河渠，各自爲篇，其體相符，即以文字求之，亦豈有異哉？識者謂班志地理、藝文，均有自注語。今觀藝文，六藝略如易，「古五子十八篇」，解之曰：「自甲子至壬子，説易陰陽」，「淮南道訓二篇」，解之曰：「淮南王安聘明易者九人，號九師易」；書，「尚書古文經四十六卷」，解之曰：「爲五十七篇」，「經二十九卷」，解之曰：「大、小夏侯二家。歐陽經三十二卷」，「周書七十一篇」，解之曰：「周史記」，「議奏四十二篇」，解之曰：「宣帝時石渠論」。以下不備載。即易之古五子，書之議奏，非班氏作爲解詁，將不知五子者何義，議奏何以入書矣。惟有其自注，一則爲説易陰陽，一則爲石渠論，殆亦可謂書録辭題乎？

昔劉子元有補注之議，而近世儒者，又謂史家誠用自注，既省繁富，并援引所及，可存先世藏書之大概，以考正著録之得失。章實齋先生説。史注之不可缺，信然矣。而於遷之就文申解，俾讀者怡然涣然，無患乎索解之不易，則均未之知，亦其疎也。夫公羊解經，設爲問答，以推申其義；考之管子，有牧民篇則有牧民解，有乘馬篇則有乘馬解，蓋以經言之簡約，人未必能究其義，故爲申之以解也。遷則於辭句之間，懼其義爲人所難曉，爰引申以釋解之。吾故曰古人著書，期其明析。蓋觀於史而有悟也。

比事

禮記經解篇曰：「屬辭比事，春秋教也。」屬之爲言合也。史自序：「余所謂述故事，整齊其世傳。」此蓋言作此百三十篇，乃合世傳文辭，從而整比其事耳。

雖然，整比之法，果何如哉？觀於堯、舜本紀可知矣。堯本紀：「其仁如天，其知如神。就之如日，望之如雲。富而不驕，貴而不舒。」爲五帝德之辭也。自「能明馴德」以下，其事則皆載於書。「得舜，二十年而老，令舜攝行天子之政，薦之於天。堯辟位凡二十八年而崩。百姓悲哀，如喪父母。三年，四方莫舉樂。」斯即孟子「堯老而舜攝也。辭堯典曰：『二十有八載，放勳乃殂落，百姓如喪考妣，三載，四海遏密八音』」是也。辭雖有異，事則本之孟子矣。「堯崩，三年之喪畢，舜讓辟丹朱於南河之南。諸侯朝覲者不之丹朱而之舜，獄訟者不之丹朱而之舜，謳歌者不謳歌丹朱而謳歌舜。舜曰『天也』，夫而後之中國踐天子位焉。」非直取孟子爲文乎？舜本紀：「堯乃賜舜絺衣，與琴，爲築倉廩，予牛羊。瞽叟尚復欲殺之，使舜上塗廩，瞽叟從下縱火焚廩。舜乃以兩笠自扞而下，去，得不死。後瞽叟又使舜穿井，舜穿井爲匿空旁出。舜既入深，瞽叟與象共下土實井，舜從匿空出，去。瞽叟、象喜，以舜爲已死。象曰：『本謀者象。』象與其父母分，於是曰：『舜妻堯二女，與琴，象取之。牛羊倉廩予父母。』象乃止舜宮居，鼓其琴。舜往見之。象鄂不懌，曰：『我思舜正鬱陶！』舜曰：『然，爾其庶矣！』」此與孟子：「萬章曰：父母使舜完廩，捐階，瞽瞍焚廩。使浚井，出，從而揜之。象曰：『謨蓋都君咸我績。牛羊，父母；倉廩，父母。干戈，朕；琴，朕；弤，朕；二嫂，使治朕棲。』象往入舜宮，舜在牀琴。象曰：『鬱陶思君爾。』忸怩。舜曰：『唯茲臣庶，汝其予治。』」其辭不無詳略之異，而事則采自孟子也。「高陽氏有才子八人」以至「遷於四裔，以御螭魅」，事見左傳。舜入大麓，而後其事又載尚書。是兩本紀者，遷合尚書、左傳、孟子、五帝德爲之整比者也。其他夏、殷諸紀與世家、列傳所記之事，必盡由整比而成，固無待言矣。

往嘗讀元蘇天爵國朝名臣事略，凡事出何書者，每標舉之，蓋手自整比，尚未刊定之史稿也。若近世文人，爲人撰碑傳，往往注明其出處，或得之墓志，或得之行狀，以爲語有所本，未嘗非整比之功，然祇以備國史之要删耳。何则？史書之屬辭比事，誠用春秋之法。顧孟子之論春秋也，曰：其事则齊桓、晉文，其文则史，其義则孔子自言竊取之。知其事其文之外，要有大義在也。子長作史，亦自有其義法，豈僅以比事爲能哉？

博采

昔班固有言曰：「司馬遷據左氏、國語，采世本、戰國策，述楚漢春秋，接其後事，訖於天漢。其言秦漢，詳矣。」從孟堅説，一若遷之作史，僅采此數書而已。以余觀之，遷之所采者博矣。三代世表：「余讀諜記，黄帝以來皆有年數。稽其厤譜諜終始五德之傳。」十二諸侯年表：「太史公讀春秋厤譜諜，至周厲王，未嘗不廢書而歎也。」六國表：「太史公讀秦記，至犬戎敗幽王，周東徙洛邑，秦襄公始封爲諸侯，作西畤用事上帝，僭端見矣。」秦楚之際月表：「太史公讀秦楚之際，曰：初作難，發於陳涉；虐戾滅秦，自項氏；撥亂誅暴，平定海内，卒踐帝祚，成於漢家。五年之間，號令三嬗。自生民以來，未始有受命若斯之亟也。」高祖功臣侯年表：「余讀高祖侯功臣，察其首封，所以失之者。」惠景間侯者年表：「太史公讀列封至便侯，曰：有以也夫！長沙王者，著令甲，稱其忠焉。」樂書：「太史公曰：『余每讀虞書，至於君臣相敕，維是幾安，而股肱不良，萬事墮壞，未嘗不流涕也。』」吳太伯世家：「余讀春秋古文，乃知中國之虞與荆蠻句吳兄弟也。」衛康叔世家：「太史公曰：余讀世家言，至於宣公之太子以婦見誅，弟壽爭死以相讓，此與晉太子申生不敢明驪姬之過同，俱惡傷父之志。然卒死亡，何其悲也！」孔子世家：「余讀孔氏書，想見其爲人。」管晏列傳：「太史公曰：吾讀管氏牧民、山高、乘馬、輕重、九府，及晏子春秋，詳哉其言之也。」司馬穰苴列傳：「余讀司馬兵法，閎廓深遠，雖三代征伐，未能竟其義。」商君列傳：「余嘗讀商君開塞、耕戰書，與其人行事相類。」孟子荀卿列傳：「太史公曰：余讀孟子書，至梁惠王問『何以利吾國』，未嘗不廢書而歎也。」屈原賈生列傳：「太史公曰：余讀離騷、天問、招魂、哀郢，悲其志。」又「讀鵩鳥賦，同死生，輕去就，又爽然自失矣。」酈生陸賈列傳：「余讀陸生新語書十二篇，固當世之辯士。」儒林列傳：「太史公曰：余讀功令，至於廣厲學官之路，未嘗不廢書而歎也。」凡此明言其所讀，則書之博采，豈不可見哉？

又有條其篇目，而爲所稱引者。如五帝紀：「孔子所傳宰予問五帝德及帝繫姓。」夏本紀：「孔子正夏時，學者多傳夏小正云。」殷本紀：「余以頌次契之事，自成湯以來，采於詩書。」三代世表：「於是以五帝繫諜、尚書集世紀黃帝以來訖共和爲世表。」十二諸侯年表：「魯君子左丘明懼弟子人人異端，各安其意，失其真，故因孔子史記具論其語，成左氏春秋。鐸椒爲楚威王傳，爲王不能盡觀春秋，采取成敗，卒四十章，爲鐸氏微。趙孝成王時，其相虞卿上采春秋，下觀近勢，亦著八篇，爲虞氏春秋。吕不韋者，秦莊襄王相，亦上觀尚古，删拾春秋，集六國時事，以爲八覽、六論、十二紀，爲吕氏春秋。及如荀卿、孟子、公孫固、韓非之徒，各往往捃摭春秋之文以著書，不可勝紀。漢相張蒼麻譜五德，上大夫董仲舒推春秋義，頗著文焉。」田敬仲完世家：「孔子晚而喜易。易之爲術，幽明遠矣，非通人達才孰能注意焉！」伯夷列傳：「賈子曰：『貪夫徇財，烈士徇名，夸者死權，衆庶馮生。』」老莊申韓列傳：「老子迺著書上下篇，言道家之意五千余言」，又「老萊子亦楚人也，著書十五篇，言道家之用」，又「莊子者，蒙人也，名周。……其學無所不闚，然其要本歸於老子之言。故其著書十余萬言，大牴率寓言也」，又「申子之學本於黄老而主刑名。著書二篇，號曰申子」，又：「韓非者，韓之諸公子也。……觀往者得失之變，故作孤憤、五蠹、内外儲、説林、説難十余萬言。」司馬穰苴列傳：「齊威王使大夫追論古者司馬兵法而附穰苴於其中，因號曰司馬穰苴兵法。」孫子吴起列傳：「世俗所稱師旅，皆道孫子十三篇、吴起兵法。」仲尼弟子列傳：「弟子籍，出孔氏古文近是。」孟子荀卿列傳：「孟軻，騶人也。……退而與萬章之徒序詩書，述仲尼之意，作孟子七篇」，又「鄒衍……深觀陰陽消息而作怪迂之變，終始、大聖之篇十余萬言」，又如燕昭王「身親往師之，作主運」，又「自騶衍與齊之稷下先生，如淳于髡、慎到、環淵、接子、田駢、騶奭之徒，各著書言治亂之事」，又「慎到著十二論，環淵著上下篇，而田駢、接子皆有所論焉。騶奭者，齊諸騶子，亦頗采騶衍之術以紀文」，又「荀卿嫉濁世之政，亡國亂君相屬，不遂大道而營於巫祝，信禨祥，鄙儒小拘，如莊周等又滑稽亂俗，於是推儒、墨、道德之行事興壞，序列著數萬言而卒。……而趙亦有公孫龍爲堅白同異之辯，劇子之言；魏有李悝，盡地力之教；楚有尸子、長盧；阿之吁子焉。」屈原賈生列傳：「楚有宋玉、唐勒、景差之徒者，皆好辭而以賦見稱。」田儋列傳：「蒯通者，善爲長短説，論戰國之權變，爲八十一首。」大宛列傳：「禹本紀、山海經所有怪物，余不敢言之也。」貨殖列傳：「周書曰：『農不出則乏其食，工不出則乏其事，商不出則三寶絶，虞不出則財匱少。』財匱少而山澤不闢矣。此四者，民所衣食之原也。」

如上所列，經則詩、書、易、春秋，子則老、莊、申、韓，一切書史公皆目所親睹。老子若「安其食，美其服」，韓非若「長袖善舞，多錢善賈」，并用其説。則采綴之博，不可知乎？遷自謂「厥協六經異傳，整齊百家雜語。」經傳而外，諸子百家亦多采録。如此，則班氏之言，似祇采國語諸書者，但未知遷之閎覽博物，所采多矣。不寧唯是，「倉廩實而知禮節，衣食足而知榮辱，上服度則六親固，四維不張，國乃滅亡。」管晏列傳。即采之管子。「老氏稱：『上德不德，是以有德；下德不失德，是以無德。法令滋章，盜賊多有』」，又「下士聞道大笑之」，則采之老子。「竊鉤者誅，竊國者侯，侯之門，仁義存」，乃采之莊子。管仲傳中述「吾始困時」云云，已全録搜佚篇，今節。載列子力命篇，史公蓋采自列子者。吕氏春秋觀世篇：「晏子之晉，見反裘負芻息於途者，以爲君子也，使人問焉，曰：『曷爲而至此？』對曰：『齊人累之，名爲越石父。』晏子曰：『譆！』遽解左驂以贖之，載而與歸。至舍，弗辭而入。越石父怒，請絶。晏子使人應之曰：『嬰未嘗得交也，今免子於患，吾於子犹未邪？』越石父曰：『吾聞君子屈乎不己知者，而伸乎己知者，吾是以請絶也。』晏子乃出見之曰：『嚮也見客之容而已，今也見客之志。嬰聞察實者不留聲，觀行者不譏辭。嬰可以辭而無棄乎！』越石父曰：『夫子禮之，敢不敬從。』晏子遂以爲客。」史晏子本傳詞句雖有異同，當即采自吕氏者。吾亦不能殫述，即此可證百三十篇其間所采之書，兼及諸子，豈不博乎？

考遷自父談卒后，繼任太史之職，得紬史記石室金匱之書，又其言曰：「漢興，蕭何次律令，韓信申軍法，張蒼爲章程，叔孫通定禮儀，文學彬彬稍進，詩書往往間出。自曹參薦蓋公言黄老，而賈生、鼂錯明申、商，公孫宏以儒顯，百年之間，天下遺文古事靡不畢集太史公。」則遷之博極群書，亦由供其采擷者無所不備耳。嗚呼！作史豈易言哉？苟非如史公之博采兼收，其能成此信史乎？

録異

司馬温公作資治通鑒，别有考異三十卷。考異之體，説者謂參諸家異同，正其謬誤，而歸於一，爲法善矣。夫采取群書必有異文，勢不能兩載，則撰爲考異，使之相附而行，非良法與？蓋古人著述，期其傳信，文辭之異者不敢放失，此温公之所以成此考異一書也。然其法，則自史遷創之。

何以知其然也？嘗讀秦始皇本紀矣，於論贊之後，不載入異文乎？其文曰：「襄公立，享國十二年。初爲西畤。葬西垂。生文公。文公立，居西垂宫。五十年死，葬西垂。生静公。静公不享國而死。生憲公。憲公享國十二年，居西新邑。死，葬衙。生武公、德公、出子。出子享國六年，居西陵。庶長弗忌、威累、參父三人，率賊賊出子鄙衍，葬衙。

武公立。武公享國二十年。居平陽封宮。葬宣陽聚東南。三庶長伏其罪。德公立。德公享國二年。居雍大鄭宮。生宣公、成公、繆公。葬陽。初伏，以御蠱。宣公享國十二年。居陽宮。葬陽。初志閏月。成公享國四年，居雍之宮。葬陽。齊伐山戎、孤竹。繆公享國三十九年。天子致霸。葬雍。繆公學著人。生康公。康公享國十二年。居雍高寢。葬竘社。生共公。共公享國五年。居雍高寢。葬康公南。生桓公。桓公享國二十七年。居雍太寢。葬義里邱北。生景公。景公享國四十年。居雍高寢，葬邱里南。生畢公。畢公享國三十六年。葬車里北。生夷公。夷公不享國。死，葬左宮。生惠公。惠公享國四十年。葬車里康景。生悼公。悼公享國十五年。葬僖公西。城雍。生剌龔公。剌龔公享國三十四年。葬入里。生躁公、懷公。其十年，彗星見。躁公享國十四年。居受寢。葬悼公南。其元年，彗星見。懷公從晉來。享國四年。葬櫟圉氏。生靈公。諸臣圍懷公，懷公自殺。肅靈公，昭子子也。居涇陽。享國十年。葬悼公西。生簡公。簡公從晉來。享國（四）十五年〔一〕。葬

〔一〕原本作「四十五年」，「四」字爲衍文，據史記秦始皇本紀改。

僖公西。生惠公。其七年，百姓初帶劍。惠公享國（四）十三年〔一〕。葬陵圉。生出公。出公享國二年。出公自殺，葬雍。獻公享國二十三年。葬囂圉。生孝公。孝公享國二十四年。葬弟圉。生惠文王。其十三年，始都咸陽。惠文王享國二十七年。葬公陵。生悼武王。悼武王享國四年，葬永陵。昭襄王享國五十六年。葬茝陽。生孝文王。孝文王享國一年。葬壽陵。生莊襄王。莊襄王享國三年。葬茝陽。生始皇帝。呂不韋相。獻公立七年，初行爲市。十年，爲戶籍相伍。孝公立十六年。時桃李冬華。惠文王生十九年而立。立二年，初行錢。有新生嬰兒曰『秦且王』。悼武王生十九年而立。立三年，渭水赤三日。昭襄王生十九年而立。立四年，初爲田開阡陌。孝文王生五十三年而立。莊襄王生三十二年而立。立二年，取太原地。莊襄王元年，大赦，脩先王功臣，施德厚骨肉，布惠於民。東周與諸侯謀秦，秦使相國不韋誅之，盡入其國。秦不絕其祀，以陽人地賜周君，奉其祭祀。始皇享國三十七年。葬酈邑。生二世皇帝。始皇生十三年而立。二世皇帝享國三〔二〕年。

〔一〕十三年，原本作「四十三年」，據史記秦始皇本紀改。
〔二〕「三年」，原本作「二年」，據史記秦始皇本紀改。

葬宜春。趙高爲丞相安武侯。二世生十二年而立。右秦襄公至二世，六百一十歲。」自「襄公立」以下，核之本紀，故亦有相同者，然記事有詳略，文字不能無異，故特録之，以備參徵。吾意史公必見世本等書有此異文，非援秦紀爲本也。索隱云：「此已下重序列秦之先君立年及葬處，當據秦紀爲説，與正史小有不同，今取異説重列於後。」竊謂取異説以重列，是也；若據秦紀，則非矣。六國表屢稱秦紀，其作秦與始皇兩紀，以秦紀爲憑，則有之，今之上溯襄公，下訖二世，衹爲立年、葬處，甚失之簡，故知非秦紀之文也。

又，酈食其之見高祖，遷已辨正於本傳，在高陽而不在拔三秦後矣。乃平原君朱建傳後仍載沛公引兵過陳留云云，余意此爲史公之傳疑耳。或曰：「酈生事不應復出於朱建傳尾，且史無兩存之例，其爲羼入無疑，犹始皇紀後之附秦紀也。考御覽三百六十六引楚漢春秋，與此政同，則是後人因其小有異同而附之，又誤置於建傳末，當移在史論之後，降書一字。史通雜説篇、野客叢書并錯認爲本書。」見梁玉繩史記志疑。夫其言移史論後，犹始皇紀之附秦紀，此沿索隱之誤。所見是也。然謂後人羼入，則非矣。彼蓋疑史無兩存之例，不知史公自有録異之體。史通等之稱爲本書，并非錯認也。且史之録異者多矣。即如吴、楚世家，以小童之爭桑，遂致相攻，而所記則不符，自可考見，但不若始皇紀之録異，尤其事義之顯而易明耳。然則史家如温公輩，考異之作，觀於此，不誠規法史遷哉？

述生

昔昭明選文之例，凡并時生存者，不加撰輯，故何遜之文，雖見稱當世，未取其一篇以之載録也。或問其法有所仿乎？曰：此史體也。史於其人生存者，不爲立傳，殆其所從來矣。識者曰：「考之古人，亦不盡然。三國志龐淯母趙娥爲父報仇殺人，裴氏注引皇甫烈女傳云：『故黄門侍郎安定梁寬爲其作傳』，是生存之人未嘗不可立傳也。李翺撰楊烈婦傳，彼時楊尚生存，恐古人似此者不乏。」章實齋先生説。其説是矣。然所傳者，烈女烈婦耳。且非出史傳，或私家文字，本不甚拘。蓋往嘗求之於史，凡列傳中皆書其卒年，而生存者未見也。

乃今讀太史公書，則知生存立傳，不得言其無也。何以明之？史不有今上本紀乎？「今上」之稱，遷蓋有所據。燕世家：「子今王喜立」，是其證。今上，犹今王也。不云某帝而云「今上」者，明其爲生存耳。此今上謂武帝。武帝本紀今爲褚少孫取封禪書所補，固非遷史之舊，但自序則云：「漢興五世，隆在建元，外攘夷狄，内修法度，建封禪，改正朔，易服色。作今上本紀」，可徵遷作本紀時，武帝生存，故別之爲「今上」。此外亦屢有今上之語。

由是類推，既爲生存之武帝作紀，則苟屬生存之臣士，爲之立傳，豈曰不可？然而不多覯也。及至李陵傳，而知遷有撰述者矣。傳曰：「李陵既壯，選爲建章監，監諸騎。善射，愛士卒。天子以爲李氏世將，而使將八百騎。嘗深入匈奴二千余里，過居延視地形，無所見虜而還。拜爲騎都尉，將丹陽楚人五千人，教射酒泉、張掖以屯衛胡。數歲，天漢二年，貳師將軍李廣利將三萬騎擊匈奴右賢王於祁連天山，而使陵將其射士步兵五千余人出居延北可千余里，欲以分匈奴兵，毋令專走貳師也。陵既至期還，而單于以兵八萬圍擊陵軍。陵軍五千人，兵矢既盡，士死者過半，而所殺傷匈奴亦萬余人。且引且戰，連鬥八日，還未到居延百余里，匈奴遮狹絕道，陵食乏而救兵不到，虜急擊招降陵。陵曰：『無面目報陛下。』遂降匈奴。其兵盡没，余亡散得歸漢者四百余人。單于既得陵，素聞其家聲，及戰又壯，乃以其女妻陵而貴之。漢聞，族陵母妻子。」史記志疑以爲後人妄續。以班書陵本傳核之，陵在匈奴二十余年，元平元年病死。元平爲昭帝年號，史書成於太始二年，則遷之爲陵立傳，其時陵正生存也。

生存如陵可爲立傳，後之史官，獨謹謹焉不敢載述者，蓋一涉生存，秉筆爲難，所以遠嫌也。故史公雖造述之，未有用其法者，然不可謂史無生存之傳也。爰舉以告世之讀史者，俾知有所考云。

纂職

或有問於余曰：遷書之作私史乎？抑國史乎？曰：非私史也。曰：何以知其非私史乎？曰：遷爲太史，纂承父職，其爲國史而非私史也明矣。記曰：「動則左史書之，言則右史書之。」夫既書動、書言，則必有其書，古所稱楚書、鄭志之類，皆其國史而爲史官所書者也。故未有居史官之職，而其書乃可名之爲私史者。所惜古史皆不傳於後耳，其傳者厥惟太史公書。不觀自序乎？「太史公執遷手而泣曰：『余先周室之太史也。自上世嘗[一]顯功名於虞夏，典天官事。後世中衰，絕於予乎？汝復爲太史，則續吾祖矣。』」又云：「『余死，汝必爲太史；爲太史，無忘吾所欲論著矣。』」又云：「『今漢興，海內一統，明主賢君忠臣死義之士，余爲太史而弗論載，廢天下之史文，余甚懼焉，汝其念哉！』遷俯首流涕曰：『小子不敏，請悉論先人所次舊聞，弗敢闕。』卒三歲而遷爲太史令，紬史記石室金匱之書。」其篇末復云：「太史公乃父子相續纂其職。」以此言之，其父談任太史之職，早有所論著，故遷願纂繼史職，凡爲先人所次之舊聞，悉有以論之。既而果爲太史，於是取石室金匱書，裒集史記，及太初紀元，而始焉草創，以盡其職所當爲。嗚呼！在史職而編次國史，猶得稱之爲私史乎？

或曰：然則班固謂其私作本紀者，此何說耶？曰：固之意，將以高祖起元，別成斷

[一]「嘗」，原本誤作「常」，據史記太史公自序改。

代之史，故其言「六代，史臣追述功德，私作本紀，編於百王之末，厠於秦、項之列」者，乃不欲漢之列於秦、項，附百王之後，因譏遷所述漢諸帝紀，黜之爲私耳。固蓋自信其斷代爲史，得當王爲貴之義，以遷爲出一己之私，非謂其史是私史也。不然，本紀而外，遷又有書、表與世家、列傳，何以其他不謂爲私作，而單舉乎本紀哉？且固在當時，嘗有上書告其改作國史者，此國史蓋即彪之後傳也。范書班彪傳：「司馬遷著史記，自太初以後，闕而不録，後好事者頗或綴集時事，然多鄙俗，不足以踵繼其書。彪乃繼采前史遺事，傍貫異聞，作後傳數十篇。」則後傳者，續遷史而爲之。後傳既爲國史，而史公所作，其爲國史也益可信。若東觀漢記云：「時人有上言班固私改作史記。」見初學記。則范氏所稱「國史」，直爲太史公書矣。況史漢興以來諸侯年表云：「臣遷謹記高祖以來至太初諸侯，譜其下益損之時，令後世得覽。形勢雖强，要之以仁義爲本。」每見官書，多有臣某姓名，今史公明言「臣遷」，以其纂國史之職，而非私史也，故如此，若果出於私史，何爲用奏御之例而云「臣遷」乎？

或又問曰：史之成書，其年歲無可考，然人皆謂遷自被刑而後，遂發憤而爲此史，今必謂之國史者，竊不能無疑也。曰：遷自言「論次其文，七年而遭李陵之禍。」则七年以前，當史職時，固已論撰之矣。且序文一则曰：「無忘吾所欲論著」，再则曰：「請悉論先人所次舊聞」，其父所著之史，必載入其書中。今雖無從剖辨，然史談官終史職，其所論著者，謂非國史而何？

或又曰：遷後爲中書令，與任少卿書有言：「僕誠已著此書」，即謂其時書成，亦私史也。曰：是又不然。少卿之得罪，爲戾太子巫蠱事，其事爲征和二年，遷雖居中書之職，但以文選所録篇首言「太史公牛馬走」，司馬遷此「太史公」，李善選注謂司馬談，恐未是。兼職之説，余亦不敢遽謂定論。然遷書之成，實在太始二年。詳考年篇。仍稱爲「太史公」，则必以中書而犹兼史職也。犹兼史職，则其書要爲國史，以私史視之则誤矣。

或又曰：記言記事，雖古史職，然漢時太史令但掌天時星厤，不掌記載，故史公所撰書，仍私史也。況成書之時，又在官中書令以後，其爲私家著述甚明。故此書在公生前未必進御。如其説，以遷爲史官，專掌星厤，生前不必進御，遂謂其書爲私史，此又大不然。遷所言「文史星厤，近乎卜祝之間。」雖於星厤固掌之，然彼未嘗不并言文史。文史者，即職司記載也。若進御與否，則未知史職之所爲。古者人君不觀國史，以史官善惡備書，其職應爾，萬無進御之理。如必進御乃爲國史，試觀近代國史館制，凡所撰之文，何嘗每一篇成，必經進御，不經進御，而謂非國史，亦失考甚矣。矧其有「臣遷謹記」說，必爲進御者乎？

今夫孔子作春秋，私史也。國史未足爲得，私史亦未足爲失。如遷之書，固無待辨其爲國爲私。今齗齗焉别白之者，蓋私史世所不信，明乎其爲國史，所以見遷纂父之職，史乃爲其家學，并以美遷之能實行史權云爾。

稱公

馬遷之作史也，於論贊之中皆稱「太史公」。及讀自序，則知「太史公」者，係其書名，所云「爲太史公書序」是也。漢志春秋家：「太史公百三十篇。馮商所續太史公七篇。」惟其爲書名，故直以「太史公」著録矣。

雖然，書名之爲「太史公」，固也，而其稱之爲「公」則何哉？張守節正義云：「公者，遷所著書尊其父云『公』也。遷雖稱述其父所作，其實亦遷之詞。」〔一〕是謂書之稱「公」，遷乃尊父并以自稱耳。索隱引桓譚云：「遷所著書成，以示東方朔，朔皆署曰『太史公』，則謂『太史公』是朔稱。亦恐其説未實。蓋遷自尊其父著述，稱之曰『公』，或云遷外孫楊惲所稱，事或當爾也。」此亦以遷尊其父之書，故稱曰「公」，但不信東方朔之所署，而疑其爲外孫楊惲稱之也。近儒有言：子長述先人之業，作書繼春秋之後，成一家言，故曰「太史公書」。以官名之者，承父志也。以虞卿、吕不韋著書之例言之，當云「太史公春秋」，不稱「春秋」者，謙也。錢大昕廿二史考異。是蓋以父子相繼爲史，遷之名其書爲「公」，即以官爲稱，乃承其父之志，而實則當言「太史公春秋」矣。觀此三説，雖義有小異，「公」爲書稱以之尊父則同也。

顧尊父而稱書爲「公」，是矣。所以尊之爲「公」，則犹未有言者。裴氏集解：「如淳曰：『漢儀注：太史公，武帝置，位在丞相上。天下計書先上太史公，副上丞相，序

〔一〕案，此句實爲司馬貞史記索隱文，非出自張守節史記正義。

事如古春秋。遷死後，宣帝以其官爲令，行太史公文書而已。』」而正義又據虞喜志林云：「古者主天官者皆上公，自周至漢，其職轉卑，然朝會坐位犹居公上。尊天之道，其官屬仍以舊名尊而稱也。」一则謂太史公之位尊於丞相，遷爲太史，其未死之前则尊爲「公」，至遷死则稱爲「令」矣；一则謂太史本天官，至漢则職卑，坐位得居公上者，尊天道因以尊其名稱也。如兩家所解，其尊之爲「公」，固可知矣。

然於書之命名而稱之爲「公」者，则未及也。吾謂遷書稱「公」者，亦犹王充論衡所云：「董仲舒著書不稱『子』者，意欲高過諸子也。」何以明之？周制，公、侯、伯、子、男，爲五等之爵。古者非天子三公與王者之後，不得稱「公」。至東遷而降，列國諸侯，始僭稱「公」矣。即春秋自僖公以前，大夫雖貴，且不稱「子」，其後執政之卿，皆稱「子」，再後则匹夫而爲學者所宗，亦可稱「子」：孔子、老子是也。說詳顧炎武日知録。下逮戰國，百家之術蠭出并作，於是其書遂稱爲諸子矣。董仲舒有高過諸子之意，不欲儕之於諸子，故無「子」稱。龍門之自稱其書曰「公」，蓋即仲舒之旨，亦不願與諸子同列，況其官原爲太史公乎？考之班志陰陽家，有杜文公五篇、南公三十一篇，名家有黄公四篇、毛公九篇。知古以「公」稱書者，蓋有之矣。則遷書稱「公」，并有其前例也，豈不可哉？

或曰：「公」之爲書稱，其信然矣。漢書百官公卿表祇有「太史令」，而無「太史公」之名，且序亦言「卒三歲，而遷爲太史令」，則其官稱「令」而不稱「公」矣，竊有惑焉。曰：此正「公」之所以爲書名也。吾意其官爲太史令，或以位在丞相之上，并因尊天之道，故亦可稱爲「太史公」。在遷與父談居官時，則有「公」之名，遷卒而定名爲「令」，自是而不復稱「公」矣。故班氏但以太史令一職載入表中，而武帝之時并可稱公，則未詳耳。然使太史僅有「令」名，「公」之爲稱，遷用以稱其書，則更無可疑也。「公」以稱書，而其意則在陵駕諸子耳。彼以爲尊父之書者，亦足備一説云。

考年

或問：馬遷作史，年歲其可考乎？曰：嘗考之矣。蓋自太初元年，至太始二年，終始凡十年而其書則成也。

曰：何以知其始於太初也？曰：自序：「卒三歲，而遷爲太史令，紬史記石室金匱之書。五年而當太初元年。」此言父談卒後，其卒之三年，則官太史令，遂綴集石室金匱中凡所藏之舊史記，及至父卒之五年，正當太初元年，遂從事作史。集解引李奇說：「遷爲太史後，適當於武帝太初元年，此時述史記是也。」惟史所稱「三歲」、「五年」，皆從父卒後言之，則李氏未之知。此「五年」者，若謂已任太史後，其上有云「太史公仕於建元、元封之間」，父談之卒已當元封時。父卒於元年，元封祇六年，歷三年爲元封四年，再加以五年，將至太初三年，不能當太初元年矣。故所稱「五年」，乃蒙上「卒三歲」而爲說也。蒙上「卒三歲」爲說，亦謂卒後之五年，庶可當太初元年耳。故李氏以太初之元始述史記，得之；爲太史五年，而當太初紀元，則大誤也。若自序篇末：「余述歷黃帝以來至太初而訖」者，言所述之事，以太初訖，而其述事之年，則方由太初始矣。

其終於太始二年者何也？序不又言「至於麟止」乎？漢書武帝太始二年三月詔曰：「有司議曰，往者朕郊見上帝，西登隴首，獲白麟以饋宗廟」，則是年詔有獲麟之語，故知其書成爲二年也。初以獲麟在元狩元年，詔又言「往者郊見」，疑非此二年事。然服虔、張晏於「麟止」下作注，皆云：「鑄金作麟足形」。今詔有「更黄金爲麟趾褭蹏以協瑞焉」之文，则正就此年言也。遷故不曰「止於獲麟」，而曰「至於麟止」，可知其爲太始二年矣。蓋「止」與「趾」，古字通。服氏爲「鑄金作麟足形」，下有「故云『麟止』」説，是彼故以麟足解麟趾也。史公之言「麟止」，既即謂麟趾，本不係之元狩之獲麟，不足徵其爲太始二年乎？若然，太初至太始二年，考其作史之歲，非十年乎？

不特此也，惟其爲十年，自班固以降，謂遷自被刑後發憤而爲史者，其説则誠謬。何则？遷自言「論次其文，七年而遭李陵之禍」，则其作史也，在遭禍前已及七年。「七年」者，徐廣謂天漢三年，而正義更申言之曰：「從太初元年至天漢三年，乃七年也。」既從太初至天漢三年爲七年，以天漢三年計，又益之以三年，其爲太始二年審矣。然则絶筆麟止，統終始立算，凡爲十年，有斷然者。若遭禍後始有志作史，僅有三年之期，并其自謂「論次七年」，將何説耶？

近儒有考其年者矣。其言曰：「司馬遷報任安書謂：『身遭腐刑而隱忍苟活者，恐没世而文采不表於後世也。』論者遂謂遷遭李陵之禍，始發憤作史記，而不知非也。其自序謂父談臨卒，屬遷論著列代之史。父卒三歲，遷爲太史令，即紬石室金匱之書。爲太史令五年，當太初元年，改正朔，正值孔子春秋後五百年之期，於是論次其文。會草創未就而遭李陵之禍，惜其不成，是以就刑而無怨。是遷爲太史令，即編纂史事，五年爲太初元年，則初爲太史令時，乃元封二年也。元封二年至天漢二年遭李陵之禍已十年。又報任安書內謂：『安抱不測之罪，將迫季冬，恐卒然不諱，則僕之意終不得達，故略陳之。』安所抱不測之罪，緣戾太子以巫蠱事斬江充，使安發兵助戰，安受其節而不發兵。武帝聞之，以爲懷二心，故詔棄市。此書正安坐罪將死之時，則征和二年間事也。自天漢二年至征和二年，又閱八年。統計遷作史記，前後共十八年。況安死後，遷尚未亡，必更有删訂改削之功。蓋書之成，凡二十余年也。」見廿二史劄記。

如其說，以遷之爲太史令五年當太初元年，其辨已見前，不復贅。謂遷初爲太史令爲元封二年，亦失之未考。其失在不知遷父之卒已當元封元年，所謂「五年而當太初元年」者，亦從父卒言也。既不知「五年」從父卒言，宜其以元封二年至天漢二年謂已十年，而李陵之禍，乃天漢三年事，彼又差一年矣。任安之坐罪將死，確爲征和二年間事，然其年遷史已成。何以知之？報安書云：「草創未就，會遭此禍，惜其不成，是以就極刑而無愠色。」即序之「論次其文，七年而遭李陵之禍」及「卒述陶唐」説也。蓋言作史已七年，不幸而倏遭此禍，但史之草創已至七年，不成則深爲可惜。「就極刑而無愠色」者，乃是不欲因就刑之故，而冀其有成也。故有「卒述陶唐」語。「卒述陶唐」者，即惜其不成而卒使之成也。此追述史未成時，而其志如此。其下云：「僕誠已著此書」，曰「已著」者，非謂書已著成乎？太始二年至征和二年，相距祇三四年，明明言「已著此書」，則報安書時已當書成之後矣。且惟書已著成，故書中言其全書謂爲十表、本紀十二、書八章、世家三十、列傳七十，凡百三十篇，而能舉其定本若此。在征和二年，書有定本，則其書成時益可見爲太始二年矣。彼謂天漢至征和，又閲八年，前後共十八年者，匪第爲時過久，且於「麟止」之説亦不符合。至删定改削二十余年云云，則爲其臆度之辭，更不足論也。

雖然，遷書之作，謂爲十年即成，較之李延壽作南、北史凡十七年，歐陽修、宋子京修新唐書亦十七年，司馬温公作資治通鑒凡十九年，不太易耶？曰：此無慮也。史談之居史職，在建元、元封間，遷有言「請悉論先人所次舊聞」，是談於史撰次者，幾三十年，而遷復述作之終始，雖祇十年，父子相繼成此史書，不將有四十年之遠乎？有四十年之遠，孰難孰易，自無待辨。而遷之自太初元年至太始二年書成於十年者，亦可考而定矣。

雜志

明張之象有太史史例一百卷。余初以爲此書所言，必闡明作史義例者，及後得而觀之，乃知專論文章體制，與元潘昂霄金石例同，非究史法者也。往考唐書藝文志載李鎮史記義林二十卷，而劉餗傳又言有史例三卷，此兩書恐早亡佚。至明柯維騏著史記考要，曾見其說，亦惟瑣瑣考訂耳。而於義法，則莫得而聞焉。夫史遷爲古今史學之祖，其作史也，自有其義法在。余今取其「衷聖」、「擇雅」諸大端，爲一一條舉之矣。其亦有足啟多聞、糾異說者，爰雜志之於此。

一闢天數。正義之論史例也，曰：「作本紀十二，象歲十二月也。作表十，象天之剛柔十日，以記封建世代終始也。作書八，象一歲八節，以記天地日月山川禮樂也。作世家三十，象一月三十日，三十輻共一轂，以記世禄之家輔弼股肱之臣忠孝得失也。作列傳七十，象一行七十二日，言七十者舉全數也。余二日象閏余也，以託王侯將相英賢略立功名於天下，可序列也。合百三十篇，象一歲十二月及閏余也。」此蓋言紀傳之爲數，皆合於天也。余未敢信其爲然。張氏殆以意揣測耳。史自序：「二十八宿環北辰，三十輻共一轂，運行無窮，輔弼股肱之臣配焉，忠信行道，以奉主上，作三十世家。」則世家之以三十爲數，或取諸列宿之環拱北辰乎？正義之説，當有悟於是。然史公乃譬況之詞，未必本紀諸體胥欲合諸天數也。

一辨兵謀。文心諸子篇：「昔東平求諸子、史記，而漢朝不與。蓋以史記多兵謀，而諸子雜詭術也。」其事漢書載之。漢書云：東平思王宇，宣帝子。成帝時，來朝上疏求諸子及太史公書。大將軍王鳳以諸子書或反經術，或明鬼神，太史公書有戰國縱横之謀，不許。夫史公尊儒，其所記何嘗多兵謀乎？即有縱横之謀，遷書爲通古之史，既及戰國，戰國爲縱横之世，彼豈能删除之？況傳有云：「國之大事，在祀與戎。」則兵戎何可廢也？

兵以謀勝，故孔子曰：「必也臨事而懼，好謀而成。」而班志兵書略以權謀居首。則兵家最要者爲權謀，豈足以議史乎？八書有律書，或謂此即兵書。其序云：「六律爲萬事根本。於兵械尤所重。」篇末則贊漢文之不用兵，而以天下和樂爲歸。彼譏其多兵謀者，不亦謬哉？

一引成説。遷之引古人成説，其下加以斷制者，如孝文本紀贊云：「孔子言『必世然後仁。善人之治國百年，亦可以勝殘去殺』。誠哉是言！」此一法也。留侯世家贊云：「孔子曰：『以貌取人，失之子羽。』留侯亦云。」此一法也。管晏列傳贊云：「語曰『將順其美，匡救其惡，故上下能相親也』。豈管仲之謂乎？方晏子伏莊公尸哭之，成禮然後去，豈所謂『見義不爲無勇』者邪？」此又一法也。張釋之馮唐傳贊云：「書曰『不偏不黨，王道蕩蕩；不黨不偏，王道便便』。張季、馮公近之矣。」此又一法也。惟秦始皇本紀贊引賈誼之説，而其法則異，是曰：「善乎哉賈生推言之也。」先用「善乎哉」三字，爲之引起，此則不用斷制語，而以慨歎出之，可爲引成説之别一法矣。

一編次之亂難考。吾謂史書之傳，於今日已二千余年矣，其原書則無可見。今編次錯亂，祇可從闕疑之例矣。或曰：「史記列傳次序，蓋成一篇，即編入一篇，不待撰成全書後，重爲排比。故李廣傳後，忽列匈奴傳，下又列衛青、霍去病傳。朝臣與外夷相次，已屬不倫。然犹曰諸臣事皆與匈奴相接也。公孫宏傳後，忽列南越、東越、朝鮮、西南夷等傳，下又列司馬相如傳。相如之下，又列淮南、衡山王傳。循吏後，忽列汲黯、鄭當時傳。儒林、酷吏後，又忽入大宛傳。其次第皆無意義，可知其隨得隨編也。」廿二史劄記。以編次之亂，謂其隨得隨編，亦似言之成理。嘗見漢志諸子略於其人時代先後，往往有顛倒失次者。知古人著書編次，篇目固無意義，然治其書者，存而不論可也。必謂隨得隨編，則非矣。何也？史百三十篇作某紀第一、某紀第二，皆明著之，當時必自有其説，爲後來所不能知。乃言隨得隨編，既莫由親睹其編次，不如慎言之爲愈矣。

一竄加之迹易知。遷書於武帝皆稱「今上」，或稱「今天子」，而不言「武帝」。景帝紀：「太子即位，是爲孝武皇帝。」此「是爲孝武」句必非史公語，爲後人竄加。且遷之書，生前已成，時武帝犹在，萬無書「孝武」廟號者。賈誼傳：「賈嘉最好學，世其家，與余通書。至孝昭時，列爲九卿。」職者謂馬遷卒於漢武末年，言賈嘉至孝昭時列爲九卿，此蓋後人所增，是言其有竄加矣。又司馬相如傳贊：「揚雄以爲靡麗之賦，勸百風一，犹馳騁鄭、衛之聲，曲終而奏雅，不已虧乎？」考雄以成帝元延初，始自蜀游京師，年七十一卒於王莽天鳳五年，逆而推之，宣帝之二十年，雄乃始生，遷著史時，安得雄之言乎？此亦爲後人竄加，其迹则尤顯而易見者也。

一書經删補。褚少孫之補史，如武帝本紀之類，夫人而知之矣。徵之史，又有爲删削者。後漢書楊終傳：「終字子山，蜀郡成都人。……顯宗時，徵詣蘭台，拜校書郎。……後受詔删太史公書爲十余萬言。」其所删削之本，不見著録，但今之史書，未識有經其删改者乎？若班氏，孝武以前，全襲史文，彼自成其斷代之史，固不能不加以删易，此於史無與也。

一書早流傳，班書遷本傳：「遷既死後，其書稍出。宣帝時，遷外孫平通侯楊惲祖述其書，遂宣播焉。」此可見遷書成後，早已流傳於世矣。

一書有單行之篇。如管子中弟子職，漢志入孝經類，當是裁篇别出者。史在漢世，亦有單篇行世。范書竇融傳：光武賜融以太史公五宗、外戚世家、魏其侯列傳。又循吏傳中明帝賜王景河渠書。則皆其單行者也。

一書有續入之辭。馮商所續七篇，孟堅稱之。其他若劉向及向子歆，又有衛衡、揚雄、史岑、梁審、肆仁、晉馮、段肅、金丹、馮衍、韋融、蕭奮、劉恂諸人相繼撰續。書則莫可考矣。劉向以下諸人見史通。史自太初以後，闕而不録。今惠景間侯者年表「容成」下云：「後元二年，三月壬辰，侯光坐祠祝詛，國除。」又「亞谷」下云：「征和二年七月辛巳，侯賀坐太子事，國除。」此俱太初後事，必係續入之辭。下建元以來諸表，亦均有之，不知爲何人續入矣。

一史文之難讀。遷之文以潔稱，讀之不善，并有疑其事實有失者。儒林傳序：「自孔子卒後，七十子之徒散游諸侯，大者爲師傅卿相，小者友教士大夫，或隱而不見。故子路居衛，子張居陳，澹臺子羽居楚，子夏居西河，子貢終於齊。如田子方、段干木、吴起、禽滑釐之屬，皆受業於子夏之倫，爲王者師。是時獨魏文侯好學。」或以子路先孔子卒，今叙之「孔子卒後」，於事不合，不知「子路居衛」至「子貢終於齊」，乃極言七十子友教四方，爲儒學之盛，不必泥「孔子卒」爲言，否則下「是時獨魏文侯好學」，所謂「是時」者，文侯豈及見子路耶？蓋「是時」二字，是根子夏爲文，亦不必拘子路説也。昔人文字，須以意會，如不能以意逆志，而就後世文法求之，反若文與事相違矣。故史公之文，當知其難讀，細加玩索则得之。自序：「不韋遷蜀，世傳吕覽；韓非囚秦，説難、孤憤。」此極易讀，言不韋雖遷蜀，而其所著之吕覽，则世傳之；韓非雖囚於秦，而説難、孤憤，世亦傳之。此非謂一则遷蜀，而作吕覽；一则囚秦，而作説難、孤憤也。明用世傳字，文法少變，否则二人本傳叙著書甚明，豈有至此而自相矛盾者？自劉子元以下，多言其誤，亦可謂不善讀書矣。

一史文之宜法遷書。史也，豈可以文論？范蔚宗自言無意於文，既造後漢，轉得統緒，故知古之爲史者，無有不工於文，而能文之士，未必能爲史。遷则史家首出，而文亦高簡有法，是以昌黎論文時時稱道之。其後如王介甫輩，莫不學其文矣。有志於文者，固宜以史爲法，然史不可但以文論，徒知取法於文，無怪史之義法，無有推求，而後世史才之難遘矣。

以上數者所言史事，爲遷之學者，要亦不可不知也。抑吾犹有説者。班彪之評史也，曰：「論議淺而不篤。其論術學，则崇黄老而薄五經；序貨殖，则輕仁義而羞貧賤；道游俠，则賤守節而貴俗功：此其大敝傷道，所以遇極刑之咎。」嗚呼！遷之遇刑，出於實行史權，斯则漢武之咎也，豈遷咎哉？昔韓非爲韓忠臣，而人每以明法之故，謂宜死於非命。余頗爲非悲之。夫非之明法，所以救韓也。嘗讀其存韓篇，首篇初見秦，據國策，爲張儀説，今誤入。歎非自入秦以後，犹惓惓不忘故國，可謂節義之士矣。乃非以救韓而見殺於秦，實李斯自愧爲學不如，故用藥以害之。昧者不察，不能與之辯誣，且以書之明法，傅致其罪，豈不冤乎！遷之秉筆直書，亦其史職所應爲，以李陵事而受極刑，此不過武帝之私。彪以爲傷道所由，何其言之慘刻而悖於理耶？夫古人往矣，讀其書者，就書而品衡其得失，未嘗不可。若其人身遭怨抑，當思有以伸雪之，不此之務，甚至牽綴附會，謂立言不當，以及於此，不知吾特快其辭而前賢於是乎不白矣。遷之書受人詰難者至衆，此亦一是非，彼亦一是非，大抵所見者小，已足歎矣，未有若彪之酷者。吾豈能已於言乎？後之儒者，所貴探其義法之所在，而毋爲異説以蔽其見聞。至於黄老諸議，余并有辨析於前，则不復贅云。

引旨

昔晉史董狐，孔子褒贊之曰「古之良史，書法無隱」，豈非爲史官者，秉筆直書，自有其史法哉？及孔子作春秋，孟子論之云：其事則齊桓、晉文，其文則史，而孔子自言則謂其義竊取之。可知春秋一經，孔子所以筆削者，要有大義存乎其中，非第事求詳備，文取謹嚴已也。故太史公十二諸侯年表叙述春秋家言，則直稱之曰「以制義法」。所謂「義法」者，杜預注左傳序：「仲尼因魯史策书成文，考其真伪，而志其典礼，上以遵周公之遺制，下以明将来之法。其教之所存，文之所害，则刊而正之，以示勸戒」是也。夫太史公非紹春秋之學者哉？彼既知孔子之作春秋有義法，爲所創制，則其所爲書，究天地之際，通古今之變，自成其一家之言，亦豈無義法之昭著哉？

乃自來評史者，不過美其文直事核，而班固且訾其是非謬於聖人。幾若藏之名山，傳之其人，所以紹名世，正易傳，本詩書禮樂之際，自任以五百歲之期，上承孔子者，絕無義法之可言，何其悖乎？厥後裴駰、張守節三家，未嘗不爲史書作注，祇以考其異同，甚或妄攻其失。故隋唐而降編經籍者，史立專部，雖以百三十篇冠乎正史之首，而能尋繹其義法者，概未有聞，辨惑、志疑之書，則雜然并出。史公嘗慨：「好學深思，心知其意，難爲淺見寡聞道。」嗚呼！後之讀史者，不免聞見之淺寡，而以吾之心足以知其用意者，抑何寥寥而罕遘也。

夫史自漢書易爲斷代，但知當王爲貴，於是飾主闕而抑忠臣，惟以諱避爲得計，豈有鑒於史公之直言，身受極刑，而不敢彰君之惡，以自貽伊戚乎？迨監修之官設，而史臣載筆，權不少假，此劉子元撰爲史通所以有忤時之歎也。然子元工訶古人，雖在史公貶辭居多，而於其書之義法，則實未細加推闡。無怪後世修史者，僅僅致功於文字，而爲之學者，整輯排比，參互搜討，是特史纂、史考之所爲，於遷之垂爲義法，足爲史家作之準者，皆未有以窺其真也。

今夫遷始爲紀傳之史，立論則一本諸聖，采集群言，則以正雅爲宗，志在表彰前賢，無所依憑，則闕而不敢濫厠，凡作爲此篇，且無不申明其義。蓋其先代世掌天官，而又親稟父談家學，宜其卓越千古，莫有能繼其業者。乃後儒欲以近世所見之書與所具之識，與之齗齗計量，烏可得乎？

余往在弱年，始習汶長之書。久之而讀經，好高郵王氏之學，稍知聲音訓詁。如是者十載，病其煩碎，於群經大義未有深得。以爲百家之術，别居一部，前人或擯之爲異端，無有窮竟源流、辨章得失者，於是殫力研求，觀其會通。至諸子通考初出，見者矜爲奇書，但自揆材能，恐一人之心思，誠使萃精於此，以期不朽，如斯已足，若史學者，則此生當無暇肆業及之矣。然道、墨諸家之學，盛於戰國，老、莊、申、韓諸賢，惟史公均爲之立傳。方謂治丙簿書，不可不取徵於史，故遷史則時或披覽之。其後見明季貴池吴某著楚漢年表，作義帝本紀，斥項羽爲僭盜，將以正史之非。乃余觀秦楚之際月表，其中獨義帝稱「元年」，恍然序文之「號令三嬗」，非爲質言，不可拘執其説，史公殆早以漢之帝統，親接義帝，因歎史書之不易讀也。再後任通志編纂之役，而長、元、吴三邑志乘，於時亦議續修，主其事者屬余訂立體例。余據會稽章實齋先生之説，用紀、表、圖、考、傳、略，一衷史裁。時所有稿草，皆爲余評校，有歧疑處，余悉從史、漢爲斷。自是而益潛心於史學矣。歲在丁巳，漢書藝文志舉例成，彼時即意史公全書，亦必有義法之可循，每得一創獲，蓄之於懷，未敢率爾妄作。先擬衷聖、擇雅一二條目，遂復冥搜苦索，觸類而引申之，務以曉學者達神旨。於今歲秋，始寫定五十篇。劉彦和云：「彰乎大易之數，其爲文用，四十九篇」，是其例矣。至史記之名，唐以前原無此稱，兹則禮從其朔，題爲太史公書云。

太史公書義法卷下終